ひろさちやのいきいき人生5

イエスにまなぶ

ひろさちや【著】

春秋社

まえがき

本書は『イエスにまなぶ』と題されています。「ひろさちやのいきいき人生」シリーズの第五巻、最終巻です。

シリーズとしては、『釈迦にまなぶ』『禅にまなぶ』『浄土にまなぶ』『密教にまなぶ』と刊行し、仏教書としてはそれで切り上げにしてもよかったのです。でも、それじゃああまりにもありきたりだからということで、編集部と相談してもう一巻を追加することにしました。そして、ちょっと意表をついて、イエスに登場してもらいました。

イエスは、もちろんキリスト教のイエスです。

わたしは仏教を学んでいる人間です。そのわたしがなぜキリスト教のイエスを取り上げたか、読者は意外に思われるかもしれません。しかし、仏教を仏教の枠内でだけ学んでいると、どうしても視野が狭くなり、独善的になります。その結果、読者にとって難解なものになりかねません。

わたしはこれまで、キリスト教やユダヤ教、イスラム教、ヒンドゥー教、儒教、神道と比較するかたちで仏教を学んできました。そうすることによって、仏教の長所と欠点がよく分かるようになったと思います。それまで分からなかったことが、他の宗教と比較することによって、

〈なるほど、そういう意味であったか〉

と納得できたことも多かったのです。

それでわたしは、このたびはキリスト教のイエスの言葉を取り上げて、仏教理解の一助にしたいと思います。ただし、ここで取り上げるのは宗教家としてのイエスではありません。たんなる人間としてのイエスです。そのイエスの言葉を踏み台にして、仏教と比較しながら、わたしたちがこの人生をどのように生きたらよいかを考えるのが本書の狙いです。つまり本書はあくまでも「ひろさちやのいきいき人生」シリーズの一環なんです。そう思って、読者はこれまでと同様に本書を読んでください。そしてご自分の人生を「いきいき」とさせてください。それが著者の願いにほかなりません。

ひろさちやのいきいき人生5　イエスにまなぶ　目次

II 神の国での幸せ

ひろさちやのいきいき人生５　イエスにまなぶ

I

現世を捨てる

1

神の物差し・人間の物差し

▼イエスは人間か?

イエスという人はキリスト教の開祖です——。

と、一般にはそう言われています。そのように解説した辞書もあります。ですが、これはいささか不正確です。はっきり言って、まちがいです。

まずイエスは、「人」ではありません。

だが、これには相当の注釈が必要です。わたしが、イエスは人間でないと言えば、キリスト教の神学者からクレーム(異議)がつけられます。教学的には、

——イエスは完全なる人間であった——

とされていますから、わたしの言い方はまちがいだというわけです。でも、わたしに言わせれば、この世に「完全なる人間」なんていませんから、イエスは人間ではないのです。キリスト教神学者に妥協して言えば、イエスは「普通の人間」「並の人間」ではなかったことになります。

もっとも、キリスト教の神学では、イエスは「完全なる人間」であったとされますが、そう見るのはキリスト教徒だけで、たとえばユダヤ教徒は、イエスを「普通の人間」と見ました。そして、イエスが並の人間・普通の人間であれば、イエスはユダヤ教に楯突いた犯罪者であり、それ故、イエスを十字架にかけて死刑にしてしまいました。したがって、ユダヤ教ではイエスを人間＝犯罪者と見ていることになります。

それから、ついでに言っておきますが、イスラム教ではイエスを「預言者」と見ています。預言者というのは未来を予言する人ではなく、神の言葉を預ってわれわれに伝えてくれる人をいいます。

しかしながら、ユダヤ人たちはイエスを預言者と認めず、世を騒がせる犯罪者として死刑にしてしまいました。そうではなしに、イエスを人間＝預言者と見るのが、イスラム教の見方です。そうすると、どちらかといえば、わたしの見方はイスラム教に近いと思います。キリスト教徒であれば、イエスを「完全なる人間」と見るべきでしょうが、わたしは仏教者ですから、そのような見方をする必要はありません。一人の預言者として、尊敬すればよいと思います。

ともあれ、イエスを「人間」と見るべきか否か、そこに問題があることはまちがいありません。

▼イエスはキリスト教徒ではない

次に問題は、イエスがキリスト教の開祖であったか／否か、です。

じつはイエスは、ユダヤ教徒として生まれ、ユダヤ教徒として成人し、ユダヤ教徒として十字架にかけられて死にました。彼は生まれてから死ぬまで、ずっとユダヤ教徒でした。彼がキリスト教徒であったことは、一度もなかったのです。

したがって、イエスをキリスト教の開祖とすることは、はっきり言ってまちがいです。イエスは生前、弟子たちから「キリスト」であることを期待されていました。

この〝キリスト〟という語は、〝メシア〟に由来します。〝メシア〟は、正しくはヘブライ語の〝マーシーアハ〟で、「油を注《そそ》がれた者」の意です。古代イスラエル王朝の時代、王や祭司が即位するとき、頭に塗油する儀式がおこなわれました。そこで、神から選ばれ、聖別されて、民の指導者、支配者となった者を「メシア（マーシーアハ）」と呼ぶようになったのです。

このヘブライ語の〝マーシーアハ〟が、その当時の世界語であったギリシア語に訳されて〝クリストゥス〟となります。もちろん「油を注がれた者」の意です。そしてこの〝クリストゥス〟が〝キリスト〟となって、『新約聖書』に定着したのです。

まあ、ともかく、〝キリスト〟も〝メシア〟も同じ意味だと思ってください。

ところで、生前イエスが弟子たちからキリストを期待されていたその「キリスト」は、「政治的救済者」でした。当時のユダヤはローマの支配下にあり、属国の状態でした。人々は、やがて「キリスト・メシア・政治的救済者」が現われて、われわれをローマの軛《くびき》から解放してくれると信じていました。その「キリスト」を、弟子たちはイエスに期待したのです。

しかしイエスは、それを頑強に拒んでいます。自分は政治的指導者ではないと、言い続けていました。

だが、民衆のイエスに対する期待を恐れたユダヤの支配階級は、イエスを犯罪者として死刑にしました。

死刑になったイエスは、しかし三日後に復活します。肉体をもってよみがえるのです。そして弟子たちに希望を与えました。

それによって弟子たちは、イエスが「キリスト」であると信じたのです。

この場合の「キリスト」は、政治的指導者ではありません。ユダヤ教においては、キリストはユダヤ民族の救い主ですが、復活したイエスを見た弟子たちにとっては、ユダヤ民族の枠を超えた人類全体の救済者にほかならないのです。

このように、イエスを人類全体の救い主（キリスト・メシア）と信じた人々が創った宗教がキリスト教です。

ですから、イエスその人は徹頭徹尾ユダヤ教徒であって、キリスト教とは関係ありません。イエスはユダヤ教の改革者であったと言うべきでしょう。そしてイエスの死後、イエスを「キリスト」と信じた人々によって創られた宗教がキリスト教です。そこのところをまちがえないでください。

▼〝イエス〟という呼称

一般によくイエス・キリストと呼ばれます。それを聞いて、姓がキリストで、名がイエスと思う人がおられますが、以上でお分かりのようにそうではありません。イエスが人名で、キリストは「救い主」の意です。

それから、〝イエス〟といった呼称はプロテスタントのものです。日本ではこれが一般的ですが、明治の初頭に布教を始めたプロテスタントがこの呼称を採用したため、そうなったのです。カトリックでは〝イエズス〟と呼ばれています。これはラテン語の発音にしたがったものです。しかし、現在ではカトリックも〝イエス〟の呼称に統一しています。ギリシア語では〝イエスース〟になります。これが〝イエス〟になりました。

そしてヘブライ語だと〝イェシュア〟です。しかしガリラヤ訛りだと〝イェシュー〟となります。彼はガリラヤの出身ですから、たぶん〝イェシュー〟あるいは〝イェシュアー〟と呼ばれていたのでしょう。これは日本語の〝太郎〟と同じく、ユダヤではごくありふれた名前でありました。

▼「神の国は近づけり」

さて、ではイエスは何をわれわれに教えたのでしょうか？　この問いに対しては、いろんな答えがあります。というのは、これは、

「わたしはこれこそがイエスの教えの核心であったと思う」

と、そういうかたちで各自が答えるべき問いだからです。つまり、各人のイエス理解、ひいてはキリスト教理解が問われている問いなんです。

でも、まあ、あまり堅苦しいことは言わないでおきます。イエスがいちばん初めに説い

た教えは、「マルコによる福音書」（1）にある、

「時は満ち、神の国は近づいた。悔い改めて福音を信じなさい」

でした。わたしは、これが、イエスが出発点において説いた教えであったと思います。

イエスは、三十歳のころに家を飛び出して宗教生活に入りました。そして彼は洗礼者ヨハネの弟子となっています。その当時、ヨハネは、ユダヤの荒れ野にあって、

「悔い改めよ。天の国は近づいた」（「マタイによる福音書」3）

と宣べ伝えていました。イエスは、そのヨハネに共鳴し、その教えを受け継いだのです。しかし、二人の教説はまったく同じではありません。イエスはだいぶヨハネの教えを改変しています。

ところが、ここで〝神の国〟〝天の国〟とあるのは、場所・領域としてある「国」ではありません。〝国〟と訳されている言葉の原語は〝バシレイア〟であって、その意味は「支配」です。ですからこれは「神の支配」と訳したほうがよさそうです。

わたしたちは、どこの国、いつの時代にあっても、人間の都合に合わせてこの土地を支配・管理してきました。金持ちは優遇され、貧乏人は迫害されます。そして金持ちはますます豊かになり、貧乏人はますます貧しくなります。それが政治というものです。

そういう支配・管理の仕方に、神は不満を覚えられた。もう人間に任せておけない。これからは、神が直接この地上を支配されるぞ！　ヨハネはそう考えたのです。それが《天の国は近づいた》の意味です。したがって、これは、「神の直接支配が近づいたぞ」といった意味になります。

この点では、イエスは基本的にはヨハネと同じことを言っています。しかし、二人のあいだには微妙な違いがあります。

イエスは次のように述べています。

　ファリサイ派の人々が神の国はいつ来るのかと尋ねたので、イエスは答えて言われた。「神の国は、見える形では来ない。『ここにある』『あそこにある』と言えるものでもない。実に、神の国はあなたがたの間にあるのだ。」（「ルカによる福音書」17）

これで見ると、ヨハネは「神の国」（神の直接支配）を未来に設定していますが、イエスはそれがわたしたちの心の中にあり、すでに到来していると見ているようです。神の直接支配はすでに始まっているが、それに対する抵抗勢力があるので、それが完全にはなっていない。イエスはそう見ているようです。

では、その抵抗勢力とは何でしょうか？ それは、ユダヤ教のエリートたちです。彼らは「業績主義」に立っています。自分は忠実に律法を守った。その業績によって自分は「神の国」に入る資格がある。エリートの連中はそう考えています。けれどもそれは、人間が設定した価値基準による判断であって、神の判断ではありません。人間の価値基準によって自己を「善し」とし、他人を軽蔑する。それが人間による地上の支配・管理であって、そのような支配・管理を神はきっと叱られるはずだ。それがイエスの考え方でした。わたしはそう思います。

▼「後の者が先になる」

ともあれイエスは、神の直接支配が始まった、いや、もうすでに直接支配が始まっているぞ、と宣教しました。

わたしたちはこれまで、過去の業績にもとづいて物事を評価・判断してきました。その人がどこの大学を卒業したかは、過去の業績です。いま現在、会社・企業においてどういう地位にあるかは、現在の事柄のように思われますが、実際には過去の業績にもとづいてそのようなポストを得ているのであって、それはやはり過去の話です。その人が金持ちであるか、貧乏人であるかは、やはり過去の業績です。われわれは過去の業績にもとづいて物事を評価し、判断します。

それが人間の物差しです。われわれは人間の物差しを使って日常生活を送っています。しかし、神が地上を直接支配されるとなれば、人間の物差しはそのままでは通用しません。

神が使われるのは、神の物差しです。

では、神の物差しとはどういうものでしょうか?

それについては以下で詳しく検討しますが、まず人間の物差しが過去を基準にしているのに対して、神の物差しは未来を基準にしています。と言えば、ここで早合点される人も多いかと思います。人間の物差しだって、たとえば一流大学を卒業すれば未来は洋々たるものだ、だから一流大学を目指すといったように、未来を考慮に入れていると思われるかもしれません。しかしその場合の「未来」というのは、過去の実績にもとづく未来です。神の物差しでいう未来は、神が管轄される未来です。そこでは、過去の実績や統計はまったく役に立ちません。

神の物差しは、過去の業績にもとづく現在や未来とはまったく関係ありません。あくまでも神の視点においての「未来」を基準にした物差しです。したがって人間の側からすれば、その物差しはデタラメに見えるでしょう。

イエスはこう言っています。

「しかし、先《さき》にいる多くの者が後《あと》になり、後にいる多くの者が先になる」（「マルコによる福音書」10）

この言葉は、この世の絆《きずな》と柵《しがらみ》を断ち、財産を捨ててイエスに従った者への神の報酬について語ったものです。神の国においては大きな逆転が起こります。いま繁栄している者が没落し、いま没落している者が繁栄します。

またイエスは、このようにも言っています。

「あなたたちは人に自分の正しさを見せびらかすが、神はあなたたちの心をご存じである。人に尊ばれるものは、神には忌み嫌われるものだ」（「ルカによる福音書」16）

こうなると、神の物差しは、人間の物差しからすればデタラメと言わざるを得ませんよね。でも、デタラメがいいのです。われわれ人間には、神意（神の心）は分かりません。われわれが、これが神意であると言うものは、所詮は人間の理性によって理屈づけられたものでしかないのです。それは人間の物差しです。神の物差しはデタラメである。われわれはそう言っておきましょう。

ともあれイエスは、

《神の国は近づいた》

でもって宣教を始めました。いや、もうすでに神の国（神の直接支配）は始まっているのです。ならばわたしたちは、それにふさわしい生活をせねばなりません。これまでのように、過去の業績だけを頼りとする生活では、きっと神に叱られるでしょう。イエスはそう考えました。

これがイエスの出発点です。

そして、あんがいこれがイエスの基本理念であったと思います。

そのことを、われわれは以下の章において検討しましょう。

2

二人に一個のパン

▼悪魔の誘惑

イエスが家を飛び出て宗教生活に入ったのは、三十歳のころでした。

イエスが宣教を始められたときはおよそ三十歳であった。

「ルカによる福音書」（3）はそのように記しています。《およそ三十歳であった》という表現はいささか奇妙ですが、これは、当時のユダヤ人が「三十歳」を理想の年齢と考えていたので、ルカはそれに合わせてこう書いたのでしょう。

それにしても、イエスの生涯はよく分かりません。だいたい彼の生誕年をもって西暦がつくられた。したがってイエスの誕生は紀元元年になるはずですが、どこかで計算まちがいをやったのでしょう、現在ではイエスは紀元前七年から紀元前四年のあいだの誕生とされています。またその没年も、紀元後三〇年、三一年、三二年と諸説があります。

まあ、ともあれ彼はおよそ三十歳のころに洗礼者ヨハネの弟子となり、その後独立して宗教活動を始めました。そして、「霊」に導かれて荒れ野に行き、四十日四十夜断食したのち悪魔の「誘惑」を受けます。

悪魔の「誘惑」は三つありました。「マタイによる福音書」(4)は、左のように記しています。

「神の子なら、これらの石がパンになるように命じたらどうだ」

次に、悪魔はイエスを聖なる都に連れて行き、神殿の屋根の端に立たせて、言った。

「神の子なら、飛び降りたらどうだ」

更に、悪魔はイエスを非常に高い山に連れて行き、世のすべての国々とその繁栄ぶりを見せて、「もし、ひれ伏してわたしを拝むなら、これをみんな与えよう」と言った。
もちろんイエスは、これらの「誘惑」を撥ね付け、次のように言っています。

「『人はパンだけで生きるものではない。
神の口から出る一つ一つの言葉で生きる』
と書いてある」

「『あなたの神である主を試してはならない』とも書いてある」

「退《しりぞ》け、サタン。
『あなたの神である主を拝み、
ただ主に仕えよ』
と書いてある」

イエスがこう答えたとき、悪魔は去って行きました。なお、『……』で示した部分は、

『旧約聖書』にある言葉です。ユダヤ教徒であったイエスは、ユダヤ教の聖典にある言葉を引用して、悪魔の「誘惑」を斥けたのです。

▼「人はパンだけで生きるものではない」

そもそも悪魔とは何か？　われわれは悪魔といえばおどろおどろしい存在を考えます。だが、それは違うのです。悪魔とは、聖書はときに〝誘惑者〟と記しています。もしも悪魔がおどろおどろしい姿でもってわれわれの前に出現すれば、われわれはそれを警戒し、あんがい誘惑に引っ掛からないのです。われわれが誘惑に引っ掛かるのは、

〈まあ、これぐらいはいいだろう……〉

〈あんがいこのほうが良いかもしれない〉

と思ってしまうからです。新聞やテレビを賑わす政治家・高級官僚たちの汚職行為も、あんがいやさしい顔付きの悪魔の誘惑にしてやられたのではないでしょうか。

さて、イエスの前に出現した悪魔は、イエスの自負心をくすぐっています。

「おまえは神の子だろう。それなら、こうしたらどうだ……」

といったかたちで誘惑しているのです。断食で腹が減っただろう。じゃあ、ここにある石をパンに変えて食べたらどうだ⁉　神の子なら、それぐらいはできるはずだ。神の子な

ら、神殿の屋根から飛び降りてみろ！　きっと天使たちが助けてくれるぜ。悪魔はそのように誘惑しているのです。

しかしイエスは、そのような誘惑に引っ掛りません。有名な、

《人はパンだけで生きるものではない》

といった言葉で応じています。もちろん〝パン〟は、「食べ物」の意味です。パンがなければ飯を食えばよいではないか、と言わないでください。フランス革命のとき、マリー・アントワネット王妃（一七五五―九三）は、「パンがなければお菓子を食べればよいのに」と言ったそうですが、それはいささか漫画的応答です。

ところで、このイエスの応答に対して、ときに人は、

「たしかに人間はパンだけで生きるのではないが、でもパンがなければ生きられないではないか⁉」

と反論します。じつは、それが悪魔の誘惑の本旨です。われわれは、だいたいにおいて「神の言葉」――それが宗教です――を二の次にして、パンを大事にします。悪魔はその方向にイエスを導こうとして、イエスはそれを拒否したのです。

一九四五年の敗戦直後の日本を考えてください。たしかに日本人は飢えていました。それで日本人は、高度経済成長路線を突っ走ることにしました。パンを増やすことにしたの

です。その結果、日本は経済大国になりました。

でも、それでよかったのでしょうか⁉　「よかった」と、多くの人が思っているようです。だから自民党や公明党が多くの票を集めています。しかし、わたしはそうは思いません。現代日本は格差が広がり、虐《しいた》げられ、苛《いじ》められ、泣く人々が増えています。もうすぐこんな日本は崩壊するだろうと、わたしは思っています。

残念なのは、日本に、イエスのように、

《人はパンだけで生きるものではない》

と言う宗教者がいなかったことです。日本人は、みんなが悪魔の誘惑に負けてしまったのです。

「パンが大事だ。宗教なんてどうだっていい。まずパンを増やすことが第一だ」――と思わせるのが悪魔の誘惑なんですよね。

▼宗教か？　政治か？

さて、パンの問題は、必然的に政治と関連します。パンの問題とは、パンをどのように増やし、分配するかといったことです。そしてイエスが悪魔から誘惑された第三の問題は、これに関連しています。

悪魔は、イエスを非常に高い山に連れて行き、世のすべての国々とその繁栄ぶりを見せます。そして、

《もし、ひれ伏してわたしを拝むなら、これをみんな与えよう》

と言うのです。これが第三の誘惑です。

で、ここでわれわれは、仏教の釈迦に登場してもらいましょう。

釈迦もまた、イエスと同じように誘惑を受けています。

釈迦を誘惑したのは、当時、インド第一の大国であったマガダ国のビンビサーラ王でした。ビンビサーラ王は英邁な君主であり、のちには仏教教団の大スポンサーとなった人物です。そのような人物を、イエスを誘惑した悪魔に擬《なぞ》らえるのは、ちょっと気の毒な気がします。だが、前にも言ったように、悪魔はおどろおどろしい存在ではありません。わたしは、むしろ〝悪魔〟といった呼び方がよくないと思います。ときには〝善魔〟と呼んだほうがよいと思われることすらあります。誘惑するほうは善意でもってしても、誘惑されたほうが判断を謬《あやま》り、よくない結果になるのがほとんどの場合ではないでしょうか。

ビンビサーラ王は、マガダ国の首都の王舎城《おうしゃじょう》（ラージャグリハ）にやって来た出家直後の釈迦に会い、一目でその非凡なる器量を見抜き、還俗してマガダ国に仕官せよとすすめます。しかも、八万もあるマガダ国の町の半分を譲るといった条件がついています。

〝八万〟というのは誇張表現でしょうが、まさに破格の条件での勧誘でした。

しかし釈迦は、その勧誘をきっぱりと拒絶しました。

《「王よ、ヒマーラヤ山の中腹に、まさしく国があり、富み、かつ勤勉である。コーサラ国の住民で、家系は〝太陽の系譜〟〔日種〕とよばれ、族姓はシャーキャ〔釈迦〕族という。王よ、そういう家柄から私が出家したというのは、欲望をのぞまないからである。欲望には危険がともない、出家生活は安泰であることを認めたから、私は修行のために努力をしたい。私はこころからこれを喜びとしている」》（『スッタニパータ』第三章、渡辺照宏訳による）

釈迦は、ビンビサーラ王にそう答えています。

ビンビサーラ王は、釈迦に還俗して政治家になれとすすめたのです。しかし釈迦は、わたしは宗教者の道を行くと答えています。これは、

――政治か？　宗教か？――

の二者択一の選択です。そして、その意味ではイエスが迫られた選択も同じでした。また、二人が宗教を選んだのも同じです。

だが、そこにちょっとした違いがあります。それは、釈迦が、小なりとはいえ釈迦国の国王の子息であり、彼はそれを蹴って出家しました。つまり釈迦は、すでに政治家をやめ

て宗教家になったのです。彼において、政治か？／宗教か？の選択は、すでにビンビサーラ王の誘惑を受ける前になされていたのです。釈迦が受けた誘惑は、宗教者をやめて政治家になれというものでした。

ところがイエスは、荒れ野においてはじめて悪魔から選択を迫られました。それは、ユダヤ教という宗教が民族宗教であり、宗教が常に政治の問題に深くかかわっているからです。1章においても指摘しましたが（一六ページ参照）、イエスの弟子たちはイエスに「政治的救済者としてのキリスト」を期待していました。その期待に対して、イエスは「自分は政治的救済者ではない」と言い続けています。イエスにおいて「宗教者か？　政治家か？」の問いは、そういう意味を含んでいます。そしてその選択は、彼が死ぬまで人々から投げつけられた問いでありました。だから、釈迦とイエスを単純に比較するわけにはいきませんよね。

▼仏教の布施の精神

さて、そこでわれわれは「パンの問題」を原理的に考えてみましょう。

そのために質問を出します。

――二人の人間にパンが一個しかありません。どうしますか？――

これが問題です。そして解答を四つ用意します。

A　半分こする。

B　一人が食べて、一人は食べない。

C　二人とも食べない。

D　パンを増やす。

こう並べてみると、読者は、この解答のうちDが異質だということに気づかれるでしょう。ABCは分配の問題として捉えられているのに、Dはそうではありません。そしてわたしは、このDが政治的解決だと思います。すでに述べた、戦後日本の高度経済成長政策がまさにDです。われわれは、敗戦直後、二人に一個しかなかったパンを二個にし、三個、四個にする路線を歩んできました。現在は、二人にパンが五個も六個もある国になっています。

それでよかったでしょうか……？

そう問われて、多くの日本人が「よかった」と答えるでしょう。それが現在、自民党が政権党になっている大きな理由です。

けれども、いま日本では大きな格差が広がっています。金持ちが数多くのパンを食べられる反面、パンが食べられない貧乏人も少なからずいるのです。わたしは、日本が、二人にパンが六個もある国になって、決して「よかった」とは思いません。

じつは釈迦がビンビサーラ王の「誘惑」に対して、

《欲望は危険である》

と言ったのは、まさにそのことです。釈迦は、二人に一個しかパンがない状況において、きっとCの「二人とも食べない」を選ぶだろうと思います。それが、仏教でいう布施の精神です。

二人に一個のパンに対して、「わたしは食べません。どうかあなたがお食べください」と譲るのが布施です。しかし、譲られた人が、「ああ、そうですか。では、わたしがいただきます」と応じたのでは、それはBの「一人が食べて、一人は食べない」になってしまいます。仏教の布施は、譲られたほうも、「わたしは食べません。あなたこそどうぞ」でなければならないのです。それではじめて「二人とも食べない」になるのです。

ともあれ釈迦は、Cの「二人とも食べない」を選ぶはずです。わたしたちが「パンを食べたい」といった欲望の充足を考えると、きっと不幸になると釈迦は考えたからです。釈迦が《欲望は危険だ》と言ったのは、人間の欲望に限《き》りがないからです。年収五百万円の人が、一千万円欲しいと考えます。でも彼は、一千万円が得られるようになっても、〈ああ、よかった〉とは思いません。欲望が肥大して、三千万円、五千万円、一億円……が欲しいと考えます。そうなったのが現代日本の状況だと思います。

釈迦であれば、「日本は不幸になった」と言うに違いありません。わたしはそう思います。

▼ユダヤ教の考え方

では、イエスは何を選ぶか？　わたしは、イエスはAの「半分こする」を選ぶだろうと思いますが、そのことはあとで考えることにして、その前にBの「一人が食べて、一人は食べない」について考えてみましょう。じつをいえば、これがユダヤ教の考え方なのです。

わたしたちは、「一人が食べて、一人は食べない」と聞けば、あまりにもひどい利己主義のように感じられます。けれども、実際は世俗の世界はその原理で運営されているのです。わたしたちが他人の所有物を勝手に利用すれば、犯罪者として罰せられるでしょう。だから、パンを持っている者が食べて、持っていない者は食べられない、それが世の中のあたりまえです。

でも、宗教はそうではないだろう……と思われるかもしれません。だが、わたしは、ユダヤ教の学者である手島佑郎氏から、

――砂漠を旅する二人が、一人は水を用意して来て、もう一人は用意して来なかった。

水を用意して来た者は、用意して来なかった者に一滴たりとも飲ませてはならない。ユダヤ教の『タルムード』（口伝律法書）にはそうあります――

と教わりました。ということは、ユダヤ教では、「一人が食べて、一人は食べない」という解答になるのです。

考えてみれば、砂漠において水ほど貴重な物はありません。それを半分こして飲めば、次のオアシスに行く前に渇水のあまり二人とも死んでしまうかもしれない。半分こして二人とも死んでしまうより、一人が死んで一人が助かったほうがよいのではないか。それが砂漠の論理だ。手島氏から教わったとき、最初わたしはそう考えました。

それはそれでまちがいではありません。

だが、前島誠著『ナザレ派のイエス』（春秋社）によると、ヘブライ語には「持っている」（英語だとhaveです）といった動詞がないそうです。なぜかといえば、「すべては神の所有物だ」と考えられているからです。したがって「これはわたしのペンです」と言うとき、ヘブライ語だと「このペンはわたしの使用に向けられている」といった表現になります。所有権は神にあり、人間には使用権しかない。それがユダヤ人の考え方です。

これは、ユダヤ人だけではなしに、インド人だってそう考えています。またイスラム教徒もそういう考え方をしています。以前エジプトを旅行したとき、エジプトの路上生活者

が通行人に、

「ハーガ・リッラー」

と呼びかけていました。どういう意味かと通訳に尋《き》くと、それはアラビア語で、

「神にお返しください」

といった意味だそうです。おまえが所有する物はすべて神のものだぞ。それを神に返せというのが、「俺に施せ」になるのです。

だからユダヤ人は、砂漠に行くのに水を用意して来た者は、神からその水を預っていると考えています。水は神の所有に属する物であって、その水を、神が持たせなかった者に飲ませるのは、神に対する叛逆行為になります。そこで「一人が食べて、一人は食べない」になります。

わたしたち日本人にすれば、「一人が食べて、一人は食べない」といえば、力の強い者が食べ、弱者は食べられない、と思ってしまいます。それは「弱肉強食」の論理であって、ユダヤ教の考え方ではありません。ユダヤ人にすれば、そこに神の意向があるのです。そのことを忘れないでください。

それから、ちょっと付記しておきますが、ユダヤ人であるアメリカの鉄鋼王のアンドリュー・カーネギー（一八三五―一九一九）に、

《富は神より委託されたもの》

といった名言があります。彼はその考えにもとづいて、巨額の私財を学校や図書館、社会事業に投じたのです。日本の金持ちに、彼の爪の垢でも煎じて飲ませたいですね。

▼キリスト教の考え方

次にイエスです。イエスはAの「半分こする」を選びました。

しかし、イエスの「半分こ」は徹底しています。二人に一個のパンしかなければ、もちろん半分ずつですが、十人に一個しかないときは十分の一、百人に一個しかなければ百分の一ずつです。われわれの常識では考えられない徹底ぶりです。

「マタイによる福音書」(14)には、次の話があります。

イエスは……舟に乗ってそこを去り、ひとり人里離れた所に退かれた。しかし、群衆はそのことを聞き、方々の町から歩いて後を追った。イエスは舟から上がり、大勢の群衆を見て深く憐れみ、その中の病人をいやされた。夕暮れになったので、弟子たちがイエスのそばに来て言った。「ここは人里離れた所で、もう時間もたちました。群衆を解散させてください。そうすれば、自分で村へ食べ物を買いに行くでしょう。」イエスは言われた。「行かせることはない。あなたがたが彼らに食べる物を与えなさい。」

弟子たちは言った。「ここにはパン五つと魚二匹しかありません。」イエスは、「それをここに持って来なさい」と言い、群衆には草の上に座るようにお命じになった。そして、五つのパンと二匹の魚を取り、天を仰いで賛美の祈りを唱え、パンを裂いて弟子たちにお渡しになった。弟子たちはそのパンを群衆に与えた。すべての人が食べて満腹した。そして、残ったパンの屑を集めると、十二の籠いっぱいになった。食べた人は、女と子供を別にして、男が五千人ほどであった。

これは、イエスがやった奇蹟として知られているものです。女と子どもは別にして（当時は、そのように数えたようです）、男が五千人いました。しかし、パンが五個、魚が二匹しかありません。それをイエスは全員に配るのです。したがって、一人は千分の一、あるいは二千分の一のパンしか貰えません。それでも全員が満腹し、パン屑だけでも十二籠になったといいます。

まさに奇蹟です。

たぶん実際は、自分の物は自分が食べようと思っていた人たちが大勢いたのでしょう。

それがユダヤ教の考え方であり、われわれはそれを不可とは言えません。

ところが、一方ではイエスが教えた新しい原理——半分こして食べなさい——に従って、みんなで分け合って食べている人々の姿を見て、「じゃあ、わたしのも皆で食べましょう」と提供する人々が続々と現われたのでしょう。それで奇蹟が起きたのだと思います。

ともあれ悪魔は、悪魔を拝することによってイエスが政治的権力を獲得し、パンを増やし、人々を満腹させるようにとイエスを誘惑しました。まさに悪魔は自民党的論理であり、やり方です。だがイエスは、その悪魔の誘惑に引っ掛りません。彼は乏しきを分かち合う道を選びました。

わたしは、それがキリスト教の考え方だと思います。

3

神のものは神に

▼皇帝のもの vs. 神のもの

イエスが言った、

《人はパンだけで生きるものではない》

は、ときに冷たい言葉だと受け取られます。世の中には実際、パンを求めて泣き叫ぶ人々がいるからです。そういう人たちを見殺しにして、《人はパンだけで生きるにあらず》と言うイエス。だから宗教家はダメなんだよ。そのように詰《なじ》る人も、決して少なくはありません。

じつはわたしも、昔はそう思っていました。

でも、よく考えてみてください。日本に関していえば、たしかに日本にもパンを求めて泣き叫ぶ人々がいます。ホームレスの人たちが大勢います。それは事実ですが、では、日本にはパンがないのでしょうか？　そうではありません。前章でも述べましたが、わたしは、日本には一人に三個も四個もパンがあると思います。それを、ある人は五個も六個も獲得し、一方では一個も得られず飢えに泣く人がいるのです。

だから、それは分配の問題です。そして政治の問題です。

政治が、パンを求めて泣く人々をつくっておいて、それを宗教家は冷たいと言うのはまちがっています。責められるべきは政治家です。わたしはそう考えます。

それ故、イエスは、《人はパンだけで生くるにあらず》と言ったのです。彼は、政治の問題を放っておいて、宗教家として生きることを選びました。

さらにイエスは、

「では、皇帝のものは皇帝に、神のものは神に返しなさい」（「マタイによる福音書」22）

と言っています。昔の文語訳聖書では、ここのところは、

「さらばカイザルの物はカイザルに、神の物は神に納めよ」

となっていました。〝カイザル〟というのは、ローマ皇帝のことなんです。

▼偶像がついたデナリオン銀貨

これは、イエスの言葉じりを捉えて、彼を罠にかけようとするユダヤ教のファリサイ派の人から、

「皇帝に税金を納めるのは、律法に適っているでしょうか、適っていないでしょうか」

と問われて、それに対する答えです。

これはなかなか巧妙な質問です。もしもイエスが「納めなくてもよい」と答えたら、たちまち彼は反ローマ帝国運動（税金不払い運動）の指導者として告発されてしまいます。逆に「納めよ」と答えた場合、イエスの支持者であった弟子たちが失望します。民衆にと

って、ローマの支配に迎合する人間なんて魅力がないからです。イエスはジレンマに陥りました。

でも、彼はあわてません。それじゃあ、税金を納めるデナリオン銀貨を持って来て見せよ、と彼は言います。

彼らがデナリオン銀貨を持って来ると、イエスは、「これは、だれの肖像と銘か」と言われた。彼らは、「皇帝のものです」と言った。すると、イエスは言われた。「では、皇帝のものは皇帝に、神のものは神に返しなさい。」彼らはこれを聞いて驚き、イエスをその場に残して立ち去った。(同前)

前島誠『自分をひろげる生き方』(ダイヤモンド社)によりますと、当時のローマのデナリオン銀貨には、ティベリウス皇帝の胸像が刻まれていたそうです。だが、ユダヤ教には偶像崇拝を禁じた掟があり、デナリオン銀貨を神殿への献金には使えません。もっともユダヤ人は、神殿の外庭にいる両替屋のところで、偶像のあるデナリオン銀貨を偶像のないユダヤのシケル硬貨に交換し、そのシケル硬貨で神殿に献金する仕組みになっていたようです。だからイエスの言葉は、

「おい、この銀貨には皇帝の顔がついているではないか。これじゃあ、神殿への献金には使えない。皇帝のものなら、皇帝に返すほかないだろう」

といった意味になります。税金を納めるべきか／否かには直接答えず、見事な機智で相手を煙に巻いたわけです。

それはともかく、明らかにイエスは、

皇帝のもの……すなわち政治と、

神のもの……すなわち宗教、

とを分けています。これは政教分離の考え方です。ユダヤ教は祭政一致の民族宗教です。イエスの考え方は、民族宗教の殻を破って世界宗教への理念を示したものと、われわれは評価してよいでしょう。

▼イエスはアナーキストであった

ところで、「政教分離」ということは、それほど単純な問題ではないのです。

もともと「政治」というものは、一部の人々の利益だけを考えるものです。いつの時代でも、支配者の利益と被支配者の利益は対立します。スローガン的には、大勢の民衆の幸福のために支配階級が存在しているかのように言われますが、そんなことはありません。

支配階級は民衆の犠牲の上で幸福になれるのです。被支配階級の幸福といっても、それはパーセンテージの問題です。

現代の多くの国の政治は民主主義であって、昔のように支配階級／被支配階級は存在しませんが、民主主義という政治は、自分に投票してくれた人の利益だけを増大させようとする政治形態です。そして、一部の人の利益が増大すれば、必ずそれによって損する人が出来、その人たちは泣かねばならないのです。しかし、民主主義の政治家たちは、いくら泣かねばならぬ人が多くても平気の平左です。自分に投票してくれた人の利益だけを考えればいいからです。

「政治」というものがそういうものであれば、宗教者はその「政治」に対してどういう態度をとればよいでしょうか？

その問いに対して、イエスは、

——宗教者は、いっさい政治に関与するな！——

と答えただろうと思います。それが、

《皇帝のものは皇帝に、神のものは神に》

でありました。あるいは《人はパンだけで生きるのではない》です。わたしは、イエスはアナーキストであったと思います。

普通〝アナーキズム〟は〝無政府主義〟と訳されますが、この語は語源的にはギリシア語の〝アナルコス〟、すなわち「支配者がいない」に由来し、権力的支配そのものを嫌悪する思想です。イエスは言葉の真の意味でのアナーキストでした。彼は権力的支配――すなわち政治――そのものを嫌悪し、わたしは政治に関心を持たない、わたしの使命は人々に神の言葉を伝えることだと言うために、悪魔に向かって、《人はパンのみによりて生くるにあらず》と言ってのけたのでした。

いや、じつは、イエスがアナーキストであったことは、すでにフランスの宗教史家のエルネスト・ルナン（一八二三―九二）が指摘したことです。

《イエスは、ある意味で無政府論者である。彼は、この世の政治について何の観念も持たないからである。この政治は、彼にとつて、ただもうそれだけで、誤謬に思はれるのである。彼は、政治については、漠然とした用語で、政治的観念のまるでない民衆のやうな口振りで、語つてゐる。為政者はみな、彼の目には、神の民の当然の敵に見える》（『イエス伝』岩波文庫、津田穰訳による）

わたしは、このルナンの見方に大賛成です。

▼釈迦は政治家であることをやめた

ついでに言っておけば、わたしは、仏教の釈迦もアナーキストであったと思います。釈迦は、釈迦国の王家に生まれました。したがって彼は支配階級に属します。その彼が政治家であることを拒否して、二十九歳のときに一介のホームレスになりました。政治の世界から逃げ出したのです。

普通は、これを、

――出家――

と呼んでいます。「出家」だとすれば、それが価値ある行為に思われます。何のために彼は出家したのか？　悟りを開いて仏陀となり、その悟りの内容を人々に伝えるためだ。といったふうに話が進みます。でも、それはおかしいのです。もしも釈迦がどこかで野垂れ死にをすれば、彼は野垂れ死にをするために出家した――となります。ですから釈迦は、出家したのではなしに蒸発したのです。蒸発とは、行方をくらますことです。釈迦は蒸発してホームレスになりました。それだけのことです。明らかにこれは、政治の世界からの逃亡です。これはアナーキストの行為にほかなりません。

そして、釈迦の晩年です。釈迦の生まれ故郷である釈迦国が、宗主国のコーサラ国に攻撃されて滅亡するという事件が起きています。攻撃を受ける原因は釈迦国側にありました。釈迦国の為政者が、コーサラ国に対して非礼を働いたのです。したがって釈迦国の滅亡は、自業自得ということになります。

しかし、いくら釈迦国が悪いといっても、釈迦にとっては釈迦国は生まれ故郷です。言うに言われぬ愛惜の念があります。そこで釈迦は、コーサラ国の軍隊が進軍する街道の枯れ木の下で坐禅をしていました。

軍を率いるコーサラ国王は、釈迦の姿を見て挨拶をし、そして尋ねます。

「世尊よ、ほかに青々と繁った木がございますのに、どうして枯れ木の下で坐禅をされているのですか？」

「国王よ、枯れ木といえども、親族の陰は涼しいのです」

それが釈迦の返答でした。じつはその枯れ木は、釈迦族のシンボルとされる木でした。そういうかたちで、釈迦は釈迦国への愛惜の念を表明したのです。そして、その言葉を聞いて、コーサラ国王は進軍を中止し、引き返しました。

しかし、釈迦国に対するコーサラ国王の憎しみの念は強く、その後、二度、三度、四度も軍を進めます。そして二度目、三度目は、釈迦は同じ枯れ木の下で坐禅をしていた。それを見て、コーサラ国王は軍を引き返します。

だが、四度目は、そこに釈迦の姿はなかった。

それ故、コーサラ国王はそのまま軍を進め、釈迦国の男女を一人残らず殲滅したのです。『増一阿含経《ぞういつあごんきょう》』（巻二十六）によると、コーサラ国王のこの四度目の進軍の前に、釈迦の弟子の目連《もくれん》（マウドガルヤーヤナ）が、

《鉄籠をもって迦毘羅衛城《かびらえじょう》（カピラヴァスツ。釈迦国の首都）の上を覆いましょうか》

と釈迦に申し出ていますが、釈迦はそれを許可しません。それどころか釈迦は、

《釈種《しゃくしゅ》は今日、宿縁すでに熟す。今まさに報を受くべし》

と言って、みずからも坐禅を中止しています。釈種（釈迦族）の滅亡する因縁が熟した。因縁が熟した以上、滅亡する果報を受けねばならぬ、というわけです。いささか冷たい言葉です。

▼政治に対するホームレスの態度

釈迦は坐禅をやめ、かくて釈迦国は滅亡しました。彼は故国を見捨てたのです。コーサラ国の軍隊によって蹂躙《じゅうりん》され、泣き叫ぶ釈迦国の民衆の声は、彼には聞こえなかったのでしょうか。

わたしはいま、釈迦の言葉は〝いささか冷たい〟と書きました。でも、あわててそれを

取り消します。なぜなら、民衆の阿鼻叫喚《あびきょうかん》の声を聞かねばならぬのは、釈迦国の為政者たちです。政治家どもがコーサラ国に侵攻される原因をつくったのであって、その結果に対する責任は政治家どもが負うべきです。釈迦はたんなるホームレスです。とっくの昔に政治家をやめて、この世の栄枯盛衰に無縁なホームレスとして生きています。だから民衆の喚き声を聞かなくていいのです。民衆の叫喚を聞くべきは、政治家連中です。

「釈迦は、なぜ坐禅を三度でやめたのですか？」

ときにそういう質問を受けることがあります。理由は明白です。なぜなら、それ以上枯れ木の下で坐禅を続けると、釈迦は政治家になってしまうからです。

じつは、枯れ木の下でデモンストレーション（示威行動）として坐禅をすることが、すでに政治行動なのです。したがって、釈迦は一度でも坐禅をしてはいけなかったのです。しかし釈迦は、故国に対する愛情表現として坐禅をしました。わたしはそう思います。ですから、釈迦の坐禅は、「愛情表現」であって、「政治行動」ではないのです。もしもコーサラ国王が釈迦の坐禅に気づかなければ、政治的にはそれは無意味な行動になります。釈迦は政治的に無意味な行動として坐禅をしたことになります。そう解釈するのが、わたしは正しいと思います。

ともあれ、釈迦は徹頭徹尾ホームレスでありました。このホームレスの姿こそ、わたしは真の宗教者の姿だと信じます。

その点で、ちょっと蛇足を加えておきます。わたしは、宗教者という者は、政治に対してホームレスの態度を取るべきだと思います。釈迦もイエスも、ホームレスの態度を取ったからです。

「政治なんて、わてには関係あらしまへん。誰が総理大臣になったところで、大多数の庶民は泣かされるだけですワ。だいたい政治家は、金持ち連中のためばかりを考えるのと違いまっか⁉」

そのように思考し、政治に関心を持たないのがホームレスの態度です。

ところが、現代日本はいちおうの民主主義国です。民主主義においては、政治家は選挙によって選ばれることになっています。そして、われわれには投票の「義務」があるわけです。投票することは政治的行動です。われわれが心情的にホームレスであるためには、いっさいの選挙において棄権をすべきでしょうか？

まあ、棄権も、一つのホームレスらしい行動になるでしょう。

しかしわたしは、釈迦に倣《なら》って、投票に行って野党に一票を投じるべきだと思います。野党というのは、そのときの政権党・与党以外の党です。野党に投票するのは、与党に対する「怒りの表現」です。いかなる政権党であれ、金持ちに迎合しているのだから、その政権党に対する怒りの表現として、野党に投票すべきです。わたしは、それが釈迦やイエスのやり方であり、ホームレスの態度だと思っています。

また、与党は政治家で、野党は批判者です。したがって宗教者が与党に投票すれば、彼は政治活動をしていることになります。だから宗教者は、野党に投票すべきです。それがわたしの考えです。

でも、だいぶ脱線しましたね。

▼キリスト教を叱るイエス

イエスに戻ります。

イエスはアナーキストでありました。いや、アナーキストといえば一種の政治的主義・主張のように思われかねませんので、むしろホームレスのほうがよいでしょう。イエスも釈迦と同じく、徹頭徹尾、この世に対してホームレスの態度で接しました。

「わては、政治なんかに、関心はおまへん」

というのが、イエスの政治に対する態度でした。

しかし、前にも言いましたが、ユダヤは当時はローマ帝国の属国でした。そしてユダヤ人の上層部はローマ帝国に擦《す》り寄り、庶民はムード的には反ローマでありました。そういう状況において、イエスのホームレスの態度はなかなか理解されません。結果的にイエスは、「反ローマ的叛乱分子」として処刑されてしまいます。イエスは政治を忌避したのに、政治のほうでは彼を放してくれません。宗教と政治の関係は、とても一筋縄では行かないようです。

そのためでしょうか、『新約聖書』の「ローマの信徒への手紙」(13)の中で、パウロは次のように言っています。パウロは初期キリスト教の宣教者で、実質上のキリスト教の創始者です。最初はキリスト教徒を迫害する立場にありましたが、のちに回心してキリスト教徒になった人物です。

《人は皆、上に立つ権威に従うべきです。神に由来しない権威はなく、今ある権威はすべて神によって立てられたものだからです》

わたしに言わせれば、これは反吐《へど》を催す言葉です。たしかにパウロの時代には、キリスト教は微々たる勢力で、ローマ帝国にちょっとでも反抗すれば、たちまち捻《ひね》り潰される存在でした。でも、だからといって、上に立つ権威、すなわちローマ帝国は神に由来したものだから、それに服従しろと言ってよいでしょうか。わたしは、パウロは、

——長いものには巻かれろ——

と言ったとしか思えません。卑屈そのものの態度です。これを聞けば、きっとイエスは

激怒するに違いありません。わたしはそう思います。

でも、これをたんにキリスト教批判に終わらせないでください。パウロの、権力に対する この卑屈な態度は、おおむね日本の仏教者の態度と通底します。日本の僧侶は、古代の律令制にあっては国家公務員でした。その後もずっと権力の庇護を受けてきました。現在だって「宗教法人法」に守られ、税金面での優遇措置を受けています。つまり政治権力に保護されているのです。

保護されているのだから、権力に擦り寄るのは当然です。このありさまを知れば、釈迦だって日本の僧侶の全員を破門するに違いありません。

われわれは釈迦やイエスの原点に戻って、しっかりと政教分離の原則に立つべきです。宗教者は、野党に投票する以外のいっさいの政治活動をすべきではありません。それが、《皇帝のものは皇帝に、神のものは神に》です。換言すれば、それがホームレスの態度です。

いささか息巻いてしまいました。妄言多謝。

4

すべての人に一デナリオン

▼ぶどう園の譬え

『新約聖書』の「マタイによる福音書」(20)には、イエスが語った左のような譬喩話があります。

「天の国は次のようにたとえられる。ある家の主人が、ぶどう園で働く労働者を雇うために、夜明けに出かけて行った。主人は、一日につき一デナリオンの約束で、労働者をぶどう園に送った。

また、九時ごろ行ってみると、何もしないで広場に立っている人々がいたので、

『あなたたちもぶどう園に行きなさい。ふさわしい賃金を払ってやろう』と言った。それで、その人たちは出かけて行った。主人は、十二時ごろと三時ごろにまた出て行き、同じようにした。五時ごろにも行ってみると、ほかの人々が立っていたので、『なぜ、何もしないで一日中ここに立っているのか』と尋ねると、彼らは、『だれも雇ってくれないのです』と言った。主人は彼らに、『あなたたちもぶどう園に行きなさい』と言った。夕方になって、ぶどう園の主人は監督に、『労働者たちを呼んで、最後に来た者から始めて、最初に来た者まで、順に賃銀を払ってやりなさい』と言った。そこで、五時ごろに雇われた人たちが来て、一デナリオンずつ受け取った。最初に雇われた人たちが来て、もっと多くもらえるだろうと思っていた。しかし、彼らも一デナリオンずつであった。それで、受け取ると、主人に不平を言った。『最後に来たこの連中は、一時間しか働きませんでした。まる一日、暑い中を辛抱して働いたわたしたちと、この連中とを同じ扱いにするとは。』主人はその一人に答えた。『友よ、あなたに不当なことはしていない。あなたはわたしと一デナリオンの約束をしたではないか。自分の分を受け取って帰りなさい。わたしはこの最後の者にも、あなたと同じように支払ってやりたいのだ。自分のものを自分のしたいようにしては、いけないか。それとも、わたしの気前のよさをねたむのか。』このように、後《あと》にいる者が先《さき》になり、先にいる者が後になる。」

この引用の最後にあるイエスの言葉、

《後《あと》にいる者が先《さき》になり、先にいる者が後になる》

は、1章に引用したものと同じです（二三ページ参照）。1章では「マルコによる福音書」から引用しましたが、ここでは「マタイによる福音書」によっています。イエスは、天の国においては、労働時間の長短によって賃銀が決められるといった人間の物差しは通用しない。天の国の物差しはデタラメである——と言っているのです。

＊

さて、このぶどう園の譬え話によって、イエスは何を語りたいのでしょうか？　その解釈にはいろいろあります。たぶん当時は十二時間労働だったのでしょう。ぶどう園の主人は、早朝六時に広場に行って労働者を雇いました。そしてそのあと、九時、十二時、三時、そして五時に労働者を雇います。夕方の六時になって、労働者に賃金を支払いますが、最後の五時に雇った者から先に支払ってやります。そして、この最後の者には一デナリオンを支払いました。それを見て、早朝から働いていた者は、

〈自分たちはもっと多く貰える〉

と期待していました。当然ですよね。けれども、彼らも一デナリオンしか貰えません。で、彼らは、

「不公平ではないか⁉　たった一時間しか働かない者も一デナリオン。われわれのように十二時間も汗水たらして働いた者も一デナリオン。これじゃあ、間尺《ましゃく》に合わない」

と抗議しました。

それに対して主人は、

「俺はしたいようにする。俺の金だ。おまえたちは文句を言うな！」

と応じています。さて読者は、どちらに言い分があると思われますか？

▼イエスが譬喩話を多用した理由

まず、現在の日本の労働法規だと、このような雇用側の言い分は認められません。雇用主は労働者を公平に扱う義務があります。たぶんイエスの時代であっても、同様であったと思われます。社会通念としては、一時間の労働に一デナリオンを支払ったのであれば、十二時間の労働に対してはそれ以上に支払うのは当然です。

では、なぜイエスは、このような理不尽な話をしたのでしょうか？　それは、イエスは人々に、

――神の考えておられることは、われわれ人間には分からない。神は、いわばデタラメなんだ――

と教えたかったからであると思います。

それならイエスは、はっきりとそう言えばよいではないか。わざわざこのような無茶苦茶な話をしないでもよい。そう反論したい方もおいでになると思います。でも、考えてみてください。イエスは敵に囲まれて伝道していたのですよ。イエスが、「神の考えは人間には分からない。神はデタラメだ」と言えば、イエスの敵であるユダヤ教の神学者たちは、

「俺たち神学者には、神の考えはよく分かる。おまえは、俺たち神学者を馬鹿にするのか!?」

と捩じ込まれてしまいます。神学者というのは、そういう人たちです。そこでイエスは、いろんな解釈のできる話をつくったのです。

この話を聞いて、イエスの弟子たち、すなわちイエスのシンパ（共鳴者）たちは、

「そうだ。神の考えは、われわれ人間には分からないのだ」

と思うでしょう。しかしイエスに敵対する神学者たちは、

「神はみんなに平等に接しておられる――とイエスは言っているのだ。十二時間働いた者にも、一時間しか働いていない者にも、神は平等に一デナリオンを与えられた」

と思うでしょう。「平等」ということであれば、神学者たちも無下にそれを否定できません。頭のいいイエスは、敵対者たちがそう錯覚するように、うまい譬喩話を考案したのです。『新約聖書』には、イエスが語った多数の譬喩話が出てきますが、これがイエスが譬喩話でもって語った理由だとわたしは思います。

なお、イギリスの評論家のジョン・ラスキン（一八一九―一九〇〇）には、『この最後の者にも』と題する著書がありますが、その中で彼はぶどう園の譬えを取り上げ、これを「平等」といった観点から解釈しています。実際、イエスは「平等」ということを言わなかったわけではありません。

「父は悪人にも善人にも太陽を昇らせ、正しい者にも正しくない者にも雨を降らせてくださる」（「マタイによる福音書」5）

と、イエスは語っています。このように多義性があるのが、イエスの譬喩話です。

▼一時間で一デナリオンを得た労働者は幸福か？

さて、イエスがぶどう園の譬えでもって語りたかったことは何でしょうか？　わたしは、

それは、

——神の物差しと世間の物差しとの違い——

だと思います。これについては1章でも語っておきましたが、もう一度考えることにします。

まず、たった一時間働いただけで、十二時間も働いた労働者と同額の一デナリオンを貰った人はラッキーであった。たいていの人がそう思いますが、それは世間の物差しです。神の物差しによると、十二時間で一デナリオンの人のほうが、はるかに幸福です。

どうしてでしょうか?

考えてみてください。一時間で一デナリオンを貰った人は、彼が雇われる直前の五時ごろに広場に行ったのでしょうか? そうではないでしょう。彼もまた朝の六時ごろに広場に行って、自分を雇ってくれる人を待っていたのです。しかし彼は、不運にも雇われませんでした。

ひょっとして彼は、その前日、息子から、

「お父さん、ぼくに新しい靴を買ってよね。ぼくの靴は、もうボロボロで、履けなくなったんだ」

「ああ、いいよ。買ってやるよ」

と頼まれていたかもしれません。それなのに雇ってくれる人がないとは、彼は泣きたい思いであったでしょう。

その後、九時、十二時、三時に、雇い人がやって来て、人々を雇います。しかし彼は、雇われませんでした。

彼は息子に靴を買ってやれないのです。それどころか、一家が食べるパンすら買えません。絶望の思いです。

でも、かといって彼は家に帰るわけにもいきません。呆然と広場に立っているだけです。そこに五時ごろ、人がやって来て彼は雇われます。でも、たった一時間だから、ほんの雀の涙しかお金を貰えないでしょう。それでも、彼は喜んでいます。たとえわずかでも、ゼロよりはましです。

ところが、彼は思いもかけず一デナリオンを得ました。一デナリオンは、当時の労働者の一日分の日当のようです。

彼は大喜びです。息子に靴を買ってやることもできます。

しかし、彼は幸福でしょうか……？

忘れないでください。彼は十一時間のあいだ、つまり午前六時から夕方の五時まで、ずっと泣きたい気持ちでいました。〈今日は、一円の収入もない〉と、悲しい気持でいました。彼がほんのちょっと安心できたのは、たった一時間です。

一方、朝の六時に雇われ、十二時間働いた者は、その十二時間、ゆったりと安心した気持ちで働くことができたのです。一時間で一デナリオンの人より、十二時間で一デナリオンの人のほうが、わたしは幸福だと思います。

と言えば、おまえは労働者の敵だと言われそうですが、それはわれわれが人間の幸福を経済の物差しだけで考えているからです。われわれは、収入さえあればよいと考えていますが、本当にそうでしょうか？　年収五百万円の人と、五千万円の人とでは、五千万円の人のほうが幸福ですか？　収入は唸《うな》るほどあるが、家庭的に不幸な金持ちが大勢います。逆に経済的に貧しくとも、幸せに生きている貧乏人だって大勢いるのです。経済の物差しだけでは、人間の幸福／不幸を論じることはできないのです。

ぶどう園の譬えによって、イエスはそのことを言いたかったのだと思います。神の物差しは、われわれが日常使っている経済の物差しではありません。そのことを忘れないでください。イエスは、

「貧しい人々は、幸いである。

神の国はあなたがたのものである」（「ルカによる福音書」6）

と言っています。しかしこれについては、のちに述べることにします。

▼天国泥棒

日本のカトリック教会には、

――天国泥棒――

といった言葉があるそうです。わたしは、日本に来ておられたインド人の神父から、そのことを聞きました。

有名な話ですが、国際関係における戦後日本の路線を方向づけたとされる吉田茂（一八七八―一九六七）が、死を前にして洗礼を受けてカトリックに改宗しました。そのほかにも、死の直前に洗礼を受けた人は大勢います。そしてカトリックでは、洗礼を受けた信者は天国に往くことができるとされています。そうすると、まじめに信仰を続けてきた人間にとっては、死の直前に洗礼を受けてぱっと天国に往ってしまう人間は、まるで自分たちの天国を泥棒されたように思えるのですね。それで〝天国泥棒〟といった言葉が出来たようです。

まあ、ある種のやっかみからつくられた言葉でしょう。インド人神父は、日本以外でこんな言葉は聞いたことがないと言っておられました。したがって、これは正式の教会用語ではありません。

日本人は、なぜそんな言葉を作ったのでしょうか？　それは、ぶどう園の譬喩に通底する考え方です。日本人は、最終的に一デナリオンを得た人は幸福だ、と考えます。そして同様に、最終的に天国に往けさえすれば、それでよいと考えます。ともかく結果第一主義です。

でも、本当にそうでしょうか？　七十年、八十年の生涯を無信仰で暮らして、最後の一か月をキリスト教の信者として生きる。それでもその人は天国に往けるでしょう。だが、天国に往ければそれでよいのでしょうか？　わたしにはそうは思えません。

これは仏教徒にとっても同じです。いまの仏教は〝葬式仏教〟と呼ばれていますが、生きているあいだはずっと無信仰で暮らしていて、死んだあとで多額の金銭を払って戒名をつけてもらう。それでいいのだ、と大部分の日本人はそう考えています。それは天国泥棒の考え方です。いや、お浄土泥棒と言うべきでしょうか。

わたしは、キリスト教も仏教も、およそ宗教というものは、生きているあいだの問題だと思います。死んだあとのことはどうだっていいのです。どうだっていいと言えば、読者の顰蹙《ひんしゅく》を買いそうですが、わたし自身は浄土宗の信者です。したがって、死んだあとはすべて阿弥陀仏が面倒を見てくださると信じています。死んだ瞬間、阿弥陀仏のおいでになる極楽《ごくらく》浄土に迎えてもらえるのです。「南無阿弥陀仏」のお念仏は、「阿弥陀仏よ、すべてをおまかせします」の意味です。戒名をつけてもらったから、僧侶がお経を読んだから、お浄土に往けるのではありません。阿弥陀仏のお力によって、極楽浄土に往けるのです。

それが他力の信仰であり、僧侶は、

「死んだあとのことは何も心配しないでいいのだよ。阿弥陀仏におまかせしておけばいいんだよ」

と教えるべきです。つまり、わたしたちは、死んだあとのことはどうだっていいのです。仏教というものは、生き方の問題です。

イエスもそう考えたのだと思います。〈きょうは一デナリオンを貰えるぞ〉と信じて、ゆったりと、何の心配もなく十二時間を働く。その人が幸福な人です。たった一時間働いて一デナリオンを稼いだ。日本人は経済の物差しでもって、後者のほうが幸せだと思いますが、それは日本人がおかしいのです。イエスはわれわれに、そう教えたかったと思います。

天国泥棒が幸せなのではありません。七十年、八十年の生涯（もっと短くてもいいのです）を、ゆったりとキリスト教の信者、仏教の信者として生きた人が、本当の意味での幸せです。もちろん、信者として生きるのは、しんどいことです。毎週、教会に行かねばなりません。そういう義務もあります。だからインスタント（手軽）に天国に往きたい、と考えないでください。それじゃあ天国泥棒になってしまいます。信者であることの義務のつらさを味わいつつ、信者であることの喜びを味わって生きる。それが宗教なんです。わたしはそう思います。

▼他人のことは放っとけ！

ぶどう園の譬喩において、もう一つ、言っておきたいことがあります。それは、「わたしたちは十二時間も働いたのに、たった一時間しか働かなかった者と同額の報酬では、不公平ではないか」

と文句を言う連中に対して、ぶどう園の主人が、

《友よ、あなたに不当なことはしていない。あなたはわたしと一デナリオンの約束をしたではないか。自分の分を受け取って帰りなさい》

と応じていることです。前にも言ったように、このあとに、

《自分のものを自分のしたいようにしては、いけないか》

といった言葉が続きます。「俺の金だ。俺の好きなようにして、なぜ悪い⁉」というわ

けです。

たしかに、現代日本の労働法規だと、雇用側が「俺の好きなようにする」のは認められません。公序良俗に反した契約は無効になります。しかし、ぶどう園の主人が十二時間働いた者（すなわち夜明けに最初に雇った労働者）と一デナリオンの契約を結んだことはまちがいありません。そしてその人たちに、ぶどう園の主人はちゃんと契約通りの一デナリオンを支払っています。その点では契約違反（約束違反）はありません。したがって、むしろ他人の労働時間を問題にする人のほうがおかしいのです。

だとすると、ここでイエスが言いたかったことは、

——他人のことは放っとけ！——

ということだと思います。あなたはあなたのことだけを考えていればいいのだ！　イエスはそう言っているのです。

だいたいにおいて、日本人は他人のことを気にし過ぎます。仏教の講演会においても、

「たとえば、娘が、妻子のある男性と不倫の交際をしているような場合、親はどのように娘に忠告すればよいのでしょうか？」

と質問されるようなことがよくあります。それでわたしは、「あなたの娘さんがそうなんですか？」と問い返しますと、「いいえ、わたしには娘はいません。一般的な質問で

す」といった返事。わたしは、

「他人のことはどうでもいいではありませんか。あなたは、あなたの問題だけを考えなさい」

と答えるのですが、どうも質問者はそれでは納得できないようです。そういう人は、他人のために仏教やキリスト教を学んでいるのではないでしょうか。

昔、インド旅行のときにしばしば遭遇したことですが、お土産物屋で、血相を変えて、

「俺に三百ルピーを返せ！」

と怒鳴っている人がいました。その理由というのが、彼が千ルピーで買った商品を、別の日本人に七百ルピーで売ったからです。だから俺は三百ルピー損した。そこでその三百ルピーの返金を要求しているのです。

インド人は言います。「あなたは千ルピーで納得して買ったではないか。わたしが他人に七百ルピーで売ろうと、あなたには関係ないはずだ」と。まさにぶどう園の主人の言い分です。

――あなたは、あなたのことだけを考えていればよい――

それが、ぶどう園の譬喩によってイエスの言いたかったことではないでしょうか。

5

律法を完成させる

▼法律と律法の違い

他人のことは放っとけ！　わたしがそう言えば、それを聞いて怒る日本人が多いようです。それは、日本人が宗教音痴であって、宗教と政治の違いが分かっていないからです。

およそ法律というものは、すべての人を対象にしています。もちろん条項によって、その対象になる人は違います。しかし、条項ごとに対象となる条件を満たした人の全員が、その法律の対象となるのです。簡単にいえば、日本の法律は日本人の全員に適用されると言ってよいでしょう。

それから、現在の日本は民主主義の国です。民主主義においては多数決原理が採用されますから、どうしても多数の意見・考え方——それは他人の考え方です——が気になるのです。その結果、「赤信号、みんなで渡ればこわくない」といったエピグラム（警句）が言われるようになりました。われわれ日本人は、みんながやっていることだから、自分だってやってよい——と考えています。それが政治的思考です。

だが、宗教は違います。

ユダヤ教・キリスト教・イスラム教といった一神教は、ある意味では一つの宗教といってよいものです。したがって、一神教ユダヤ派、一神教キリスト派、一神教イスラム派と呼んでよいかもしれません。同じく『旧約聖書』を共通の聖典にしています。

そしてこの三つの宗教は、「契約」という理念にもとづいています。一神教といえば、神の唯一性を主張する宗教のように思われますが、実際はそうではありません。神は多数に存在するのです。けれども、わたしはこの神と契約を結んだ。したがって、わたしはこの神を唯一の神として、この神の命令に服さねばならない。そう考えているのが一神教です。

もっとも、ユダヤ教の場合は、ユダヤ民族全体が神と契約を結んだといった考え方もありますが、キリスト教になると、神と契約したのは個人になります。それ故、わたしが神と契約したのであって、だからわたしはその契約を守らなければならない。いや、もっといえば、わたしは、神とわたしとの契約を守っていればよいのであって、他人はどうでもよい。他人がどうしようと、人のことは構うな！　となるのです。それがイエスの考え方です。

これが宗教の掟です。宗教の掟を〝律法〟と呼びます。〝法律〟を逆にしたものですが、政治的な法律は他人のことを気にするのに対して、宗教的な律法は他人のことは構うなになります。しかし日本人は宗教音痴ですから、わたしが「他人のことは放っとけ！」と言えば、〈おかしい〉と思うのです。

『旧約聖書』の「出エジプト記」(23)には、

《あなたは多数者に追随して、悪を行ってはならない》

とあります。これはまさに、「赤信号、みんなで渡ればこわくない」の反対ですよね。他人がどうしようと他人の勝手である。しかしあなただけは、あなたが契約した神との約束を守らねばならない、というのです。

▼親鸞における感謝の念仏

ところで、仏教においても、わが国の浄土真宗の開祖の親鸞（一一七三―一二六二）が、イエスと同じ考え方に立っています。親鸞の法語を編纂した『歎異抄』（親鸞の弟子の唯

円の著とされています）には、

《弥陀《みだ》の誓願不思議にたすけられまひらせて往生をばとぐるなりと信じて、念仏まふさんとおもひたつこゝろのおこるとき、すなはち摂取不捨《せっしゅふしゃ》の利益《りやく》にあづけしめたまふなり》

〔われわれ人間には思いはかることのできない、阿弥陀仏の誓願の力に助けられて、わたしのような凡夫でも必ず極楽浄土に往生できるのだと信じて、お念仏を称えようと思う心が起きたその瞬間、わたしたちはもれなく阿弥陀仏の救済力の恩恵を受けているのである〕

とあります。これが親鸞の基本の考え方です。

親鸞によると、わたしたちが善なる行為、立派な行為を積み上げて、その力でもって極楽浄土に往生できるのではありません。そうではなしに、阿弥陀仏の救済力によって往生できるのです。それが他力です。自分の積み上げた善行の力によって救われるというのが自力で、親鸞は自力を否定して他力を説きました。したがって、わたしたちは阿弥陀仏の救済力を信じて、すべてを阿弥陀仏におまかせすればいいのです。その「阿弥陀仏におまかせします」といった表明が、「南無阿弥陀仏」のお念仏です。だから親鸞は、「南無阿弥陀仏」――阿弥陀仏よ、すべてをおまかせします――のお念仏を称えようと思った瞬間、わたしたちは救われているのだと言っています。

とすると、「南無阿弥陀仏」を称える必要はないことになります。なぜなら、称えようとおもった瞬間、すでにその人は救われているのですから、理論的には称えようとしても称えられないのです。

わたしたちは、ただ阿弥陀仏を信じるだけでよいのです。信じておまかせすればよい。この点でも、親鸞はイエスと同じ考え方に立っています。イエスが信じるということをどう考えたか。それについてはあとで検討することにしますが、ともかく親鸞は、阿弥陀仏を信じて、阿弥陀仏におまかせするといった他力の信仰を説いていることだけは分かってほしいのです。

では親鸞は、「南無阿弥陀仏」の念仏を称える必要はないと言ったのか⁉ そんなふうに言われそうですが、なるほど「阿弥陀仏よ、わたしを救ってください」という意味での念仏は称える必要はありません。わたしたちが阿弥陀仏を信じて、お念仏を称えようと思ったとたんに救われているのですから、「救ってください」と頼む必要はないのです。ですが、

「阿弥陀仏よ、わたしを救ってくださって、ありがとうございます」

の感謝の念仏は称えられます。親鸞においては、「南無阿弥陀仏」は感謝の念仏になっているのです。

▼「親鸞一人がため」

それから『歎異抄』には、

《如来よりたまはりたる信心》

といった言葉が出てきます。如来というのは阿弥陀如来（すなわち阿弥陀仏）です。わたしたちは、わたしが阿弥陀如来を信じるといったふうに考えていますが、それはおかしいのです。阿弥陀如来がわたしをして、阿弥陀如来を信じさせてくださるのだ。それが《如来よりたまはりたる信心》です。そして、この考え方は、あとで述べますが、まさにイエスの言っていることと同じです。

そして『歎異抄』の「結文」には、次のようにあります。この「結文」は、著者とされる唯円が書いたものです。

《聖人のつねのおほせには、弥陀の五劫思惟《こうしゆい》の願をよく〱案ずれば、ひとへに親鸞一人《いちにん》がためなりけり》

〔親鸞聖人が常日ごろ言われていたのは、「阿弥陀仏が五劫という長い長い時間をかけて、世の中のあらゆる衆生を救ってやろうと思惟せられた誓願をよくよく考えてみれば、それはこの親鸞ただ一人のためのものであった」〕

阿弥陀仏は、すべての衆生を救ってやろうとする誓願をたてられました。そのためにはどうすればよいか。五劫といった天文学的な時間をかけて考えられたのです。したがって、それはすべての人、あらゆる人のためのものです。だが、それは、畢竟《ひっきょう》じて、

《親鸞一人》

のためのものなんです。親鸞はそのように受け取ったのです。

宗教というものは、最終的には、

——この、わたし——

の救いなんです。他人なんてどうだっていいのです。政治的人間の多い日本人は、それをエゴイズムと聞くかもしれませんが、「この、わたし」が救われてこそ、それがわたしの宗教なのです。親鸞はそう考えました。わたしは、それが親鸞の信仰であったと思うのです。

▼「律法を廃するのではない」

少し横道に逸れました。イエスに戻ることにします。

イエスは、「マタイによる福音書」(5)において、次のように言っています。

「わたしが来たのは律法や預言者を廃止するためだ、と思ってはならない。廃止するためではなく、完成するためである。はっきり言っておく。すべてのことが実現し、天地が消えうせるまで、律法の文字から一点一画も消え去ることはない」

イエスは、しばしば律法に反する行動をします。たとえば安息日に、病気の人を癒やすことをするのです。安息日に治療行為をするのは、厳密には律法違反になります。しかし、イエスは、

「安息日に律法で許されているのは、善を行うことか、悪を行うことか。命を救うことか、殺すことか」(「マルコによる福音書」3)

と言って、平気で安息日に病人の治療をするのです。

また、イエスの弟子たちが空腹のため、麦畑で麦の穂を摘みます。これも安息日にはしてはならない行為です。これを非難するゴチゴチの律法学者に向かって、イエスは言っています。

「安息日は、人のために定められた。人が安息日のためにあるのではない。だから、人の子は安息日の主でもある」（同前、２）

これらを見ると、まるでイエスは律法を破っているかのように思われます。イエスは、律法なんてどうだっていいと言っている。そのように保守的な人々は考えました。それに対してイエスは、

《「わたしは律法を廃止しようとするのではない。そうではなくて、律法を完成させようとしているのだ」》

と言ったのです。

しかし、保守的な律法学者にすれば、イエスの言っていることは詭弁です。彼は、保守派からすれば超法規的（すなわち超律法的）に振舞っているのです。それは神に対する冒瀆になります。だからイエスは最後には彼らの手に掛かって殺されてしまうのです。

問題は、律法をどう解釈するか、です。保守派の人々は、律法を文字にこだわって解釈していますが、イエスに言わせれば、それこそが神に対する冒瀆です。その解釈の違いについて、われわれは、「マルコによる福音書」（10）にある、次の話を考えてみましょう。

▼「あなたに欠けたものが一つある」

イエスは、金持ちの青年に次のように語っています。

イエスが旅に出ようとされると、ある人が走り寄って、ひざまずいて尋ねた。「善い先生、永遠の命を受け継ぐには、何をすればよいでしょうか。」イエスは言われた。「なぜ、わたしを『善い』と言うのか。神おひとりのほかに、善い者はだれもいない。『殺すな、姦淫するな、盗むな、偽証するな、奪い取るな、父母を敬え』という掟をあなたは知っているはずだ。」すると彼は、「先生、そういうことはみな、子供の時から守ってきました」と言った。イエスは彼を見つめ、慈しんで言われた。「あなたに欠けているものが一つある。行って持っている物を売り払い、貧しい人々に施しなさい。そうすれば、天に富を積むことになる。それから、わたしに従いなさい。」その人はこの言葉に気を落とし、悲しみながら立ち去った。たくさんの財産を持っていたからである。

この金持ちの青年は、

――殺すな、姦淫するな、盗むな、偽証するな、奪い取るな、父母を敬え――

といった律法をちゃんと守ってきました。青年自身がそう言っています。

いまふと気づいたのですが、「マルコによる福音書」には、この男の年齢は書かれていません。わたしがなんとなく青年だと思ったのは、じつは「マタイによる福音書」(19)に〝金持ちの青年〟とあったからです。また、この話は「ルカによる福音書」(18)にもありますが、そこでは〝金持ちの議員〟になっています。

それはともかく、金持ちの男は、「わたしは律法をちゃんと守ってきた」と傲然と答えています。しかしイエスは、それを認めません。

《「あなたに欠けているものが一つある」》

とイエスは言います。いったい、何が欠けているのでしょうか。

イエスは教えています。おまえは金持ちだから、いっぱい財産を持っているだろう。それをことごとく売り払って、その金を貧しい人たちに施せ! そのあと、無一物になって、わたしのあとについて来い!

しかし、金持ちにはそれができません。彼は、悲しみながらイエスの許を立ち去りました。

そのあと、イエスは弟子たちに言います。

「金持ちが神の国に入るよりも、らくだが針の穴を通る方がまだ易しい」(同前)

これは有名な言葉ですね。

▼ダブル・スタンダード

金持ちの男は、自分はまじめに律法を守ってきた気でいます。だが、そう思うのは傲慢です。じつは彼は、金持ちであるが故に律法を守れたのです。貧しい人は、生きるためにパンを盗まずにはいられないのです。そりゃあ、自分は飢え死にしてもいいですよ。自分自身は飢え死にできても、飢えに泣くわが子のために、人のパンを盗まずにはおれないときがあります。金持ちはそういう人を軽蔑して、「あいつは律法を犯した」と断罪するのです。

それが律法でしょうか⁉ イエスはそう問います。そんなものは律法ではありません。人を断罪するようなものは、おかしな律法、不完全な律法です。だから、われわれは、その不完全な律法を完成させねばならないと、イエスは言うのです。

では、律法を完成させるとは、どういうことでしょうか? それは、

――この世を捨てることだ――

とイエスは言います。この世に対する執着をすべて捨ててしまって、裸になって神の前に立ったとき、わたしたちは律法に守られるのです。われわれが律法を守るのではなく、律法によってわたしが守られたとき、それが律法の完成した姿です。

だからわたしたちは、まず人間の物差しを捨てる必要があります。金持ちが幸福だという、そんな物差しを捨ててしまうのです。

そして、政治を忌避します。

ここのところは誤解を招く虞《おそれ》がありますね。おまえはわれわれに、ホームレスになれと言うのか⁉ 政治家になってはならないと言うのか⁉ そう捩じ込まれそうですが、この問題は次章以下の第Ⅱ部で考えることにします。差し当たっては、

――ダブル・スタンダード――

ということを言っておきます。すなわち、二つの物差しを持てということです。

わたしたちは、たいていの人が人間の物差し（スタンダード）、この世の物差し、浮世の物差しだけで日常生活を送っています。金持ちが幸福で、優等生がすばらしいというのが、人間の物差しです。その物差し一本で生きています。

でも、この世の全員が優等生、金持ちになれるわけではありません。必ず劣等生、貧乏

人がいるのです。

では、神は、そういう貧乏人、劣等生をどう見ておられるでしょうか？ そこを考えたのがイエスです。そしてイエスは、貧しき人、劣等生に対して、神は、

「あなたがたはそのまんまでいいんだよ」

と言われるに違いないと結論しました。それが神の物差しであり、律法なんです。その神の物差しを、人間の物差しのほかにもう一つ持とうではないか。そういった提案をわたしはしたいのです。

それがダブル・スタンダード（二つの物差し）です。

ですから、あなたが政治家になってもいいのです。しかし政治家になっても、現代日本の政治家のように、私利私欲に狂わないでください。必ずもう一つの物差し――宗教の物差し――をもって、政治活動をやってください。

あなたが金持ちであってもいい。イエスのように、財産をすべて投げ出せと、そこまでは言いません。でも、金持ち・イコール・幸福ではありません。神の物差し、宗教の物差しによれば、金持ちであることはむしろ不幸なんです。そういう物差しを持って、金持ちをどう生きればよいかを考えてください。わたしはそのようにお願いしたいのです。

Ⅱ　神の国での幸せ

6

貧しい者こそ幸福だ

▼兎と亀の話

イエスにとって、律法というものは、「神の物差し」にほかなりません。

いや、そもそも宗教というものが、「神の物差し」「仏の物差し」を教えるものです。あらゆる宗教がそうであって、ユダヤ教もキリスト教も仏教も、「神の物差し」「仏の物差し」を教えています。

わたしたちは、しかし、「世間の物差し」に従って生きています。「世間の物差し」とは、簡単にいえば、

――まじめに努力していれば、幸せになれる――

というものです。だから、不幸になった人は、その人はまじめに努力しないから、そうなったのだ。その人の責任だ。ということになります。いま、日本の社会で、人々が口を開けば「がんばれ、がんばれ」と言うのも、その「世間の物差し」のせいなんです。

やや脱線気味になりますが、ここでわれわれは「兎と亀」の話を考えてみましょう。

《「もしもし、かめよ、かめさんよ、
せかいのうちに、おまえほど、
あゆみの、のろい、ものはない、
どうして、そんなにのろいのか。」》

といった文部省唱歌「うさぎとかめ」のあの話です。そして兎と亀が駆けっこをし、兎が昼寝をして亀に負けました。亀はこつこつと努力をしたから、兎に勝つことができた。明治三十四年（一九〇一）、まさに二十世紀の初頭につくられた文部省唱歌は、世間の物差しを教えています。

じつは、この「兎と亀」の話は、「イソップ物語」にもとづいています。そこではこのようになっています。

《亀と兎が速さのことで争いました。そこで彼らは日時と場所とを定めて別れました。ところが兎はもって生まれた速さを恃《たの》んで駆けることを怱《おろそ》かにし、道をそれて眠っていました。亀の方は自分の遅いのをよく知っていましたから、休まず走りつづけました。こうして亀は眠っている兎の側を走り過ぎて目的に達し、勝利の褒美を獲ました。

この話の明らかにするところは、生まれつきがゆるがせにされると、それはしばしば努力に打ち負かされるものだ、ということなのです》(『イソップ寓話集』山本光雄訳、岩波文庫)

われわれは、「イソップ物語」といえば立派な教訓を垂れているかのように思っていますが(そのように教え込まれてきたのです)、なにイソップ(ギリシア名はアイソポス)は、古代ギリシアの奴隷でした。だからイソップが与える教訓は、奴隷のそれなんです。こんな奴隷の教訓をありがたがっている日本人は、まさに奴隷になっているとしか言えませんね。

わたしはインド旅行のとき、数人のインド人にこの「兎と亀」の話にもとづく質問をしました。

「兎はどうすればよかったか?」

わたしは、「昼寝をせずに、一生懸命走ればよかった」といった返答を期待していたのですが、年寄りのインド人が、

「兎? 兎はノー・プロブレム(問題ない)だ。それは亀が悪い!」

と言います。

「なぜ亀が悪いのだ⁉　昼寝をしたのは兎だよ」

「しかし、亀は、その兎の横を追い越して行ったのだろう。どうして亀は兎を起こしてやらなかったのだ。それが友情だろう。その亀には友情がない」

〈なるほど……〉とわたしは思ったのですが、それでもわたしは反論しました。

「だって兎と亀は競走というゲームをやっているのだ。ゲームであれば、相手が油断していれば、別段起こしてやる必要はない」

わたしのその反論に、年寄りのインド人は引っ込んだのですが、別の若いインド人が老人に助太刀しました。

「おまえは〝昼寝〟と言うが、それは分からないだろう……」

「どういうことだ？」

「ひょっとしたら、兎は病気で苦しんでいたのかもしれない。病気であれば、兎を起こしてやって、『どうしたのですか？』と訊ねてやるのがあたりまえじゃないか⁉　やはりその亀は悪い奴だ」

そう言われて、わたしはもう反駁できなくなりました。

わたしは、インド人が言ったのが、神の物差し、仏の物差しだと思います。日本人は、世間の物差しだけで生きているのです。そこに日本人の宗教音痴ぶりがあります。

▼奴隷根性

ユダヤ教は、本来、神の物差しを教える宗教です。ユダヤ教も宗教であるかぎり、神の物差しを教えるのがあたりまえです。

ところが、ユダヤ人の祖先たちは、かつてはエジプトにおいて奴隷とされていました。そのユダヤ人が、紀元前十三世紀の前半、モーセに率いられてエジプトを脱出します。彼らはエジプトを出て、自由になるのです。

しかし、エジプトを出たユダヤ人は、シナイ半島の荒れ野で苦しみます。水と食糧の確保が大変だからです。砂漠を数週間もさまよい歩いた人々は、

《「我々はエジプトの国で、主の手にかかって、死んだ方がましだった。あのときは肉のたくさん入った鍋の前に座り、パンを腹いっぱい食べられたのに。あなたたちは我々をこの荒れ野に連れ出し、この全会衆を飢え死にさせようとしている」》（『旧約聖書』「出エジプト記」（16））

と、指導者のモーセたちに文句を言い出す始末です。奴隷が自由人になるには、相応の代償を支払わねばならないのに、彼らは、

「こんな代償を払うぐらいであれば、奴隷のままのほうがよかったのに……」と言っているのです。ことほどさように、ユダヤ人には奴隷根性が沁《し》み込んでいたのです。

イエスは、そういうユダヤ人を、

《「人はパンだけで生きるものではない」》

と叱りました。それが神の物差しです。しかしユダヤ人は、

「パンが食べられるのが大事なことだ」

と、世間の物差しで応じました。これが奴隷根性ですね。どうもユダヤ人は——そして現代日本人も——、奴隷根性の強い人間ですね。そしてその奴隷根性が、神の物差しを歪めてしまうのです。神の物差しだと、地上的な栄誉を捨ててしまわねばならないのに、それを捨てられないまま、なおも地上の立身出世にこだわっています。それがユダヤ人であり、現代日本人だと思います。

イエスの言葉を紹介しておきます。

「人に尊ばれるものは、神には忌み嫌われるものだ」（「ルカによる福音書」16）

どうもイエスは、極端な発言をします。しかし、神の物差しと世間の物差しの差は、イエスの言う通りだと思います。

▼「ヨブ記」について

『旧約聖書』の「ヨブ記」は、ちょっと風変りな書物です。それだけに読み方がむずかしいですね。

《ウツの地にヨブという人がいた。無垢な正しい人で、神を畏《おそ》れ、悪を避けて生きていた。七人の息子と三人の娘を持ち、羊七千匹、らくだ三千頭、牛五百くびき、雌《め》ろば五百頭の財産があり、使用人も非常に多かった。彼は東の国一番の富豪であった。》

「ヨブ記」はこのように始まります。つまりヨブは立派な、非の打ちようのない人間です。ただし、ヨブが立派な人間だというのは、先程イエスの言葉にあった、《人に尊ばれるもの》ですよ。そのことを忘れないでください。

ところで、ある日、神がサタン（悪魔）と賭けをしました。神が、ヨブは神を畏れ、悪を避けて生きていると言うのに対して、サタンは、それはあなたがヨブに利益を与えているからだ、彼の財産を奪えば、彼はあなたを呪うでしょう、と言います。じゃあ、ヨブをひどい目に遭わせてみろ、ということで賭けになったのです。

その結果、ヨブは全財産を奪われ、子どもたちも死ぬはめになります。

しかし、ヨブは神を呪いません。

《わたしは裸で母の胎を出た。

　裸でそこに帰ろう。

　　主は与え、主は奪う。

　　主の御名《みな》はほめたたえられよ》

ヨブはそう言っています。殊勝なものです。

だが、次にサタンがヨブを皮膚病にかからせたとき、あまりの苦しさに、ヨブはついに神に文句を言います。

「わたしは正しいのに、そのわたしが、なぜこんな目にあわないといけないのですか⁉」

その詰問に対する神の応答はこうでした。

「わたしがこの宇宙を創造したんだぞ。わたしが最初にこの宇宙を創造したとき、ヨブよ、おまえはどこにいた⁉　被創造者が創造主に対して、偉そうな口をきくな！」

これは、ぶどう園の主人が、

《「自分のものを自分のしたいようにしては、いけないのか⁉」》

と言っているのと同じです（六〇ページ参照）。ヨブは黙らざるを得ません。

以上が「ヨブ記」の粗筋です。粗筋といっても、本当に荒っぽいですね。「ヨブ記」については、語りたいことがいっぱいあります。しかし、それはまたの機会にします。いまは、神の物差しと世間の物差しの違いについて考えることにします。

▼ヨブの不幸

われわれは、神がサタンと賭けをした結果、ヨブがこんなひどい目にあうのはおかしいと考えます。だが、果たしてそうでしょうか？　われわれがそう考えるのは、世間の物差しを信用しているからです。世間の物差しでは、

——まじめに努力する人は、不幸になるはずがない——

となります。それで、「あの人はちっとも悪くないのに、なぜあんな目にあわないといけないのだろうか⁉」と考えてしまうのです。

けれども実際には、まじめに努力しているのに梲《うだつ》が上がらぬ人がいっぱいいます。大部分の日本人は、まじめにこつこつやっているのに、なかなか成功しないのです。成功／不成功と、努力／不努力は、あまり関係がないと思います。ということは、世間の物差しがおかしいのです。われわれは世間の物差しを信用しないほうがよいでしょう。

ですから、ヨブが災難にあったのは、偶然なんです。われわれは「ヨブ記」を読んで、

神がサタンと賭けをしたためにヨブは不幸になった、そこに神の意思が働いているかのように思いますが、そうではありません。地震や津波で人命や財産を失うのと同じで、たまたまそうなったのです。われわれは、ヨブは正しい人であったから幸福でいられたのであり、そしてヨブがどこかで神に対して過ちを犯したから不幸になったのだと考えますが、それは違います。すべては偶然です。デタラメなんです。ただし、病気になるのも偶然であり、災害にあうのも偶然ですが、災害にあって貧乏になった、その貧乏をどう受けとめるかは偶然ではありません。この問題は、あとで考えることにしましょう。

では、ヨブはどうすればよかったのか？　これはむずかしい問いです。キリスト教徒であれば、キリスト教徒らしい答えがあるかもしれません。しかしわたしは仏教徒ですから、こう答えることにします。

貧乏になれば、金持ちになろうとがんばらずに、貧乏なまま生きればよい――

病気になれば、早く治そうとせず、病気のまま生きればよい――

あなたが劣等生であれば、優等生になろうと思わずに、劣等生のまま楽しく生きればよい――

わたしのこの答えは、江戸時代の禅僧の良寛（一七五八―一八三一）の言葉にヒントを得たものです。彼は越後で地震に遭遇したとき、みずからの無事を報じた友人への書信の最後に、こう認めています。

《しかし、災難に逢《あう》時節には、災難に逢がよく候。死ぬ時節には、死ぬがよく候。是ハこれ災難をのがるゝ妙法にて候。かしこ》

災難から逃れようとしてじたばたすれば、よけいに苦しくなります。災難にあえば、どっぷり災難に漬《つ》かるといいのです。それが災難を逃れる方法だと、良寛は言っているのです。

▼「幸福なるかな、貧しき者」

金持ちが幸福で、貧乏人は不幸だ。われわれが幸福になるためには、まじめに努力せねばならない——。それが世間の物差しでした。そして奴隷根性の人間の多いユダヤ人が解釈するユダヤ教は、この世間の物差しを受け入れています。本来、ユダヤ教も宗教ですから、神の物差しを説かねばならないはずですが、ユダヤ教はだいぶ世間の物差しに毒されています。ユダヤ教は金持ちに迎合し、貧乏人を嫌います。病人、とくにハンセン病患者を毛嫌いし、病人を城門の外に追い出してしまいます。「ヨハネによる福音書」（5）には、ベトザタの池でイエスが病人を治してやった奇蹟が語られています。このベトザタの池というのは、エルサレムの羊の門の外にあり、そこに大勢の病人、盲目の人、足の不自由な人、体の麻痺した人が待機しているのです。早朝、その池の水が動くとき、最初に飛び込んだ人（たった一人ですよ）が病気を治してもらえると言われているからです。しかし、自分で飛び込むことのできない身障者をイエスは治してやったのです。こういう病人を見捨てることを、ユダヤ教は平気でやっているのです。ユダヤ教は、世間の物差しに従っています。

それに対してイエスは、神の物差しを教えました。

その神の物差しは、こういうものです。「ルカによる福音書」（6）にあります。

「貧しい人々は、幸いである、
神の国はあなたがたのものである。
今飢えている人々は、幸いである、
あなたがたは満たされる。
今泣いている人々は、幸いである、
あなたがたは笑うようになる。
人々に憎まれるとき、また、人の子のために追い出され、ののしられ、汚名を着せられるとき、あなたがたは幸いである。その日には、喜び踊りなさい。天には大きな報いがある。この人々の先祖も、預言者たちに同じことをしたのである。
しかし、富んでいるあなたがたは、不幸である、
あなたがたはもう慰めを受けている。
今満腹している人々、あなたがたは、不幸である、
あなたがたは飢えるようになる。
今笑っている人々は、不幸である、
あなたがたは悲しみ泣くようになる。
すべての人にほめられるとき、あなたがたは不幸である。この人々の先祖も、偽預言者たちに同じことをしたのである」

ところで、《貧しい人々は、幸いである》を聞けば、読者のうちには、〈あれっ、イエスは、『心の貧しい人々は、幸いである』と言ったのではなかったのか⁉〉と思われる人もおられるでしょう。じつは、ここでわたしは「ルカによる福音書」から引用したのですが、「マタイによる福音書」（5）には、

「心の貧しい人々は、幸いである、

天の国はその人たちのものである」

とあります。この「マタイによる福音書」によってイエスの言葉に接しられた人が、「心の貧しき者が幸福だ」と憶えておられたのでしょう。

では、日本語としてはあまり言われることのない〝心の貧しき者〟とは、どういう意味でしょうか。岩波書店刊の『新約聖書Ⅰ・マルコによる福音書／マタイによる福音書』の訳者である佐藤研氏は、これを、

《直訳すれば、「霊において乞食である者たち」。自分に誇り頼むものが一切ない者の意》

と解説しておられます。まあ、「精神において謙虚な者」といった意味なんでしょう。

でも、なぜマタイは、こんな表現をしたのでしょうか。たぶんイエスその人は、

「貧乏人は幸福だ。そして金持ちは不幸だ」

と言ったのだと思います。彼の許《もと》に集まって来た人々の大部分は貧乏人でした。だから彼は貧乏人を祝福したのです。

ところが、イエスが死んで半世紀以上にもなれば（「マタイによる福音書」はそのころに成立しています）、キリスト教徒のうちにも金持ちがいるようになりました。マタイはそういう金持ちに遠慮したのだろう、というのが聖書学者の荒井献氏の意見です。わたし

は前に荒井氏と共著で本を出しました。ひろさちや、荒井献共著『ひろさちやが聞く新約聖書』（すずき出版）です。その対談の折、荒井氏から教わった見解です。

▼「山上の垂訓」

イエスは、「ルカによる福音書」において、

貧しき者は幸福だ／富む者は不幸だ、

飢えている者は幸福だ／満腹している者は不幸だ、

泣く者は幸福だ／笑う者は不幸だ、

人々に憎まれている者は幸福だ／人々から褒められている者は不幸だ、

と説きました。四つの幸福と四つの不幸が説かれています。これが神の物差しです。世間の物差しとまったく逆ですね。

しかし、すでにちょっと言及しましたが、「マタイによる福音書」（5〜7）には、有名な、

——山上の垂訓——

があります。イエスが山に登って説かれたので、そう呼ばれています。もっとも〝山上の垂訓〟は文語的表現です。現在では「山上の説教」と呼ばれています。

その「山上の垂訓」の冒頭では、次のように八つの幸福が説かれています。

「心の貧しい人々は、幸いである、
天の国はその人たちのものである。
悲しむ人々は、幸いである、
その人たちは慰められる。
柔和な人々は、幸いである、
その人たちは地を受け継ぐ。
義に飢え渇く人々は、幸いである、
その人たちは満たされる。
憐れみ深い人々は、幸いである、
その人たちは憐れみを受ける。
心の清い人々は、幸いである、
その人たちは神を見る。
平和を実現する人々は、幸いである、
その人たちは神の子とよばれる。

義のために迫害される人々は、幸いである、
天の国はその人たちのものである。
わたしのためにののしられ、迫害され、身に覚えのないことであらゆる悪口を浴びせられるとき、あなたがたは幸いである。喜びなさい。大いに喜びなさい。天には大きな報いがある。あなたがたより前の預言者たちも、同じように迫害されたのである」

一般にはこちらのほうがよく知られています。ついでに言うなら「ルカによる福音書」の「四つの幸福と四つの不幸」のほうは、

イエスは彼らと一緒に山から下りて、平らな所にお立ちになった。

そのあとで説かれたものですから、正確には「平地の垂訓」と呼ばれるべきでしょう。しかし、こちらのほうも「マタイによる福音書」に即して「山上の垂訓」と呼ばれています。

ともあれイエスは、「山上の垂訓」において神の物差しを説きました。その神の物差し

は、わたしたちが日常使っている世間の物差しとあべこべですね。では、なぜイエスは、そういうあべこべの物差しを説いたのでしょうか。

▼イエスが語る「将来」

まず考えられる理由は、現在と未来の問題です。

《今泣いている人々は、幸いである。

あなたがたは笑うようになる》

という言葉は、わたしたちだってよく口にしますよね。泣いている人に向かって、「いつまでも降り続く雨はないからね。雨はいつかは止むのよ。さあ、元気を出して」と言うでしょう。現在泣いている人は、将来笑うようになります。それがわれわれの経験則です。

反対に、

《今笑っている人々は、不幸である、

あなたがたは悲しみ泣くようになる》

というのも、たいていの人がそう思っています。いまを時めく権力者に対して、われわれ庶民は、

〈いまに泣き面《つら》をかくぞ〉

と内心で思っています。それが証拠に、そういう権力者や有名タレントが失脚したとき、世間の人々はここを先途と叩きのめします。大衆誌で有名人が袋叩きにあっている姿を見て、たいていの人は〈ざまあみろ〉と思っています。

このように、人間の運命は、禍福は糾《あざな》える縄の如しです。驕《おご》る平家は久しからずです。だから笑う者は泣く者になり、泣く者は笑う者になります。

それはそうですが、では、最後の最後まで笑い続けておられる人はいないのでしょうか。ひょっとすれば、そういう幸せな人がおられるかもしれません。

そして、人生の最後の瞬間まで、泣き続けなければならない人がおられます。われわれ庶民の大多数は、とどのつまりはそういう泣き続けなければならない人でしょう。

とすれば、イエスは、世の中の有為転変を言ったのではないのです。現在泣く者が将来笑う者になるというのであれば、それはやはり世間の物差しなんです。

イエスは世間の物差しについて発言したのではなく、神の物差しについて言っているのです。

《貧しい人々は、幸いである、
神の国はあなたがたのものである》

とイエスが言ったとき、彼は神の国での幸福を語っています。それがイエスにおける「将来」です。わたしたちはこの地上においては不幸だけれども、将来、神の国において幸福になれるよ。だから安心しなさい。イエスはそう約束し、保証してくれているのです。

▼なぜイエスは約束を与えたか？

だとすると、問題がかえってむずかしくなったかもしれません。イエスは、貧しい者・飢えている者・泣いている者・人から憎まれている者の将来の幸福を約束・保証してくれているが、いったい何を根拠にイエスはそういう約束・保証をするのだ⁉ われわれはそう言いたくなります。

じつは、このような疑問は、キリスト教徒には関係ないのです。

キリスト教徒は、イエスは神の子であると信じています。この「信じる」ということについてはのちに考察することにしますが、ともかくイエスを神の子と信じることからキリスト教がはじまるのです。イエスをただの人間であり、その人間が教えを説いたと考えていたのでは、それはキリスト教ではありません。

したがって、キリスト教徒であれば、イエスは神の子であって、その神の子の権威でもって、貧しき者・飢えた者・泣く者の神の国における幸福を約束にくれたとすればいいのです。それ以上に、「なぜですか？」と尋ねることは、神の子に対する反抗になります。なぜなら、神の子が考えておられることは、われわれ人間には分からないからです。われわれは神の子が言われたことを、ただ信ずればよい。それがキリスト教徒がとるべき態度です。

だが、わたしはキリスト教徒ではありません。仏教を学んでいる人間です。そういうわたしにとって、「イエスがそう言われたから、それは正しいのだ」とはならないのです。だから、なぜイエスが、貧しい者、泣ける者の将来の幸福を約束されたのか、その理由を知りたくなります。理由が分かって、はじめて信じられるようになるのです。

そこで、わたしなりの理由づけをすることにします。ただし、これはわたしの考えた理由であって、キリスト教の神学的にこれが正しいのではありません。キリスト教的には、そんなことは考えるな！　ただ信ぜよ！　となるはずです。だから、これはあくまでわたしが考えた理由です。まあ、ある意味では、これは仏教の考え方なんだと思って読まれるとよいでしょう。

▼この世のさまざまな役割

この世には、金持ち／貧乏人、優等生／劣等生、努力家／怠け者……と、さまざまな人がいます。そしてわたしたちは、みんな金持ちに、優等生に、エリートになりたいと思っています。でも、果たしてこの世の全員が金持ちになれるでしょうか？　クラスの全員が優等生になれるでしょうか？　そんなことはありません。クラスの全員が百点満点をとれば、先生はもっとむずかしい問題を出すだけです。

ともかく、この世に金持ち／貧乏人、優等生／劣等生、努力家／怠け者、男／女……がいることは事実です。これを差別という人もいますが、差別であろうと区別であろうと、これをなくすことはできません。世の中の全員を男ばかりにすることもできなければ、金持ちばかりにするわけにもいきません。

ならば、これは「役割」なんです。わたしはそう思います。

この世の中には、金持ちの役割を果たすべき人もいれば、貧乏人の役割を果たすべき人もいます。優等生の役割もあれば、劣等生の役割もあります。よく言われることですが、アリのコロニー（集団）には働き者と怠け者がいて、その比率は二対八、あるいは三対七になっているそうです。そこでその二割、ないし三割の働き者のアリばかりを集めてコロニーをつくると、しばらくすれば働き者が二ないしは三、怠け者が八ないしは七になるそうです。逆に八割、ないしは七割の怠け者のアリばかりを集めてコロニーをつくれば、やがて働き者が二割ないしは三割が出てくるそうです。ということは、アリのコロニーには働き者と怠け者が必要なんです。全員を働き者にすることもできませんし、全員を怠け者にするわけにもいかないのです。

つまり、この世の中には、さまざまの役割の人がいるのです。そして、その役割は永遠不変ではなく、優等生の役割から劣等生の役割に転ずる人もいます。金持ちの役割から貧乏人の役割に転ずる人もいます。もっとも、貧乏人の役割の人が死ぬまで貧乏人であることも多いですね。その点では、この世の不公平をわれわれは糾弾したくなります。

ところで、この役割に対して、多くの人は、

金持ちは幸福だ／貧乏人は不幸だ、

優等生は幸福だ／劣等生は不幸だ、

と評価し、そしてみんながみんな金持ちや優等生になりたくなります。それが世間の物差しです。金持ちになれば幸福になれるかのように思い、優等生になれば幸福になれるかのように思うからです。

でも、本当に金持ちになれば幸福になれますか？　この世の中には、金持であっても不幸な人が大勢います。それに何より、金持ちになりたいと思っても、全員が金持ちになれません。全員が優等生になれないのです。

そこでイエスは、神の物差しによる見方をわたしたちに教えてくれました。

▼この世は神のシナリオの世界

イエスによると、この世は役割分担の世界です。

演劇で考えてください。一つの芝居には、さまざまな配役があります。殿様・家来・お姫様・悪代官・悪徳商人・農民・乞食・通行人……と、いろんな配役がなければ、芝居は成りたたないのです。そして、誰だっていい配役をつとめたい。悪役や乞食のような配役はつとめたくありません。

この演劇のシナリオ・ライターは神です。では、シナリオ・ライターは、いい配役ばかりにしますか。それじゃ芝居がおもしろくありませんよね。

だから悪役・憎まれ役も必要なんです。

では、シナリオ・ライターである神は、そういう悪役・憎まれ役をつとめた役者を蔑まれるでしょうか。おまえはあんな役をやったからだめなんだ、あんな悪人の役をやったから悪い奴なんだ。そう言われるでしょうか。

そんなことはないと思います。神は、そのような役を演ずる者が必要だから、そういうシナリオを書いたのであって、むしろそういう配役を演じた人に感謝しておられると思います。

それに、演劇の中で貧乏人の配役を演じた人が、実際に貧乏人であるわけではありません。むしろ名優（したがって金持ち）のほうが、すばらしい貧乏人を演ずることができるでしょう。反対に演劇の中で大金持ちの配役を演じた人が、実際の大富豪であるわけではないのです。

いろんな配役は、ただ演劇の中だけでの役割です。

そして、この世は演劇です。

わたしたちはこの世において、シナリオ・ライターである神から命じられた役目を演ずるのです。いい役割もあれば、悪い役割もあります。金持ちの役割もあれば、貧乏人の役割もあります。悲しみに泣く役割もあれば、喜びに笑う役割もあります。

それはこの世の役割です。

だから、わたしたちは自分に与えられた役割を一生懸命に演ずればよいのです。

やがて、わたしたちは神の国に往きます。

いや、神の国に往けるのは、この世に対する執着を捨てた人だけです。この世は神のシナリオの世界だと信じて、神から与えられた役割を一生懸命につとめた人だけが、神の国に往けるのです。この世が神のシナリオの世界だと知らず、この世の物差しでもって、自分は金持ちだから幸福だ、自分は優等生だから幸福なんだと思い上がっていた人は、神の国に往けずに、きっと泣くはめになります。

しかし、イエスを信じた人は、やがて神の国に往けるのです。

そして神から、

「つらかっただろうね。悲しかっただろうね。だが、おまえがあの配役を立派につとめてくれたおかげで、わたしの演劇がうまくいったのだよ。ご苦労さん」

と、きっと労《ねぎら》いの言葉をいただけるでしょう。それが神の国での幸せです。わたしはそう考えています。

7

イエスを信じるということ

▼「信ずる者は救われん」

わたしたちは、キリスト教といえば、すぐさま、

——信ずる者は救われん——

の言葉を思い出します。でも、この言葉はこのままのかたちでは、『新約聖書』のどこにも出てきません。しかし、「マルコによる福音書」（5）には、

「あなたの信仰があなたを救った」

といったイエスの言葉があります。この言葉は、十二年も出血の止まらない女が、イエスの服に触れればきっと出血が止まると信じて、群集の中でイエスの服に触れます。その女の出血は止まりますが、イエスは自分の内から力が出て行くことに気づき、

「わたしの服に触れたのはだれか」

と言いました。弟子たちは、「群集の中だから、そんなこと分かりませんよ」と応じますが、女が出て来て正直に告白します。そのときにイエスが言ったのがこれです。

つまり、女がイエスの服に触れると自分の病気が治ると信じたその信仰が、女を救ったのです。まさに信ずる者は救われん、です。

また、同じく「マルコによる福音書」(9)には、

「『できれば』と言うか。信じる者には、何でもできる」

といったイエスの言葉も出てきます。これは、「おできになるなら、息子の病気を治してやってください」と頼む父親に言った、イエスの言葉です。これもまた、「信ずる者は

救われん」ということになります。

そうだとすればわれわれは、「信ずる者は救われん」あるいは「信ぜよ、さらば救われん」をイエスの言葉、キリスト教の言葉としてもよいでしょう。わたしは、これほど端的にキリストの本質を言い当てた言葉は、ほかにないと思います。

▼自動販売機型信仰

ところが日本人は、この言葉を誤解するのです。日本には、

——鰯《いわし》の頭も信心から——

という言葉があって、どんなにつまらぬもの、粗末なものでも、信心の対象となればありがたいものだと考えます。イエスに対する信仰と、鰯の頭に対する信仰を、同列に置いているのです。これほど信仰に対する冒瀆はありません。

それからもう一つ、日本人は、救われるために信心するのだと思っています。信じなさい、そうすればあなたは救われますよ、といった公式がまずあって、その救いを得るために信ずる。これはご利益信仰の考え方ですが、それによって日本人は「信ずる者は救われん」を解釈するのです。

わたしは、日本人のご利益信仰を、

――自動販売機型信仰――

と名づけています。自動販売機というのは、こちらからお金を入れると、向こうから商品が出てきます。それと同じで、こちらからお賽銭を入れると、神様のほうからご利益をくださるのです。もしもご利益がいただけないなら、それはお賽銭が足りなかったか、その自動販売機が故障しているか、です。故障であれば日本には八百万台の自動販売機がありますから――八百万《やおよろず》の神――、別の自動販売機にお金を入れればよいのです。

日本人は、「信ぜよ、さらば救われん」と言われると、この自動販売機型の論理でもってこれを受け取ります。「まあ、騙されたと思って、いちど信じてみたら。〝鰯の頭も信心から〟と言うではありませんか。きっと効き目がありますよ」と言うのです。そして効き目がなかったら、それはあなたが悪い。あなたの信心が足りなかったせいになります。この「いちど試してみたら」という文句は、商品の広告でよくみかける表現です。日本人は日頃から、自動販売機型の論理でものを考えているのです。

でもね、イエスの言う「信じる」は、そういうものではありません。そもそもイエスはこの世における栄達を捨てていますから、ご利益をいただける／いただけないは、彼の眼中にはありません。彼は世間の物差しを捨てています。したがって、ご利益信仰、自動販売機型信仰でもって、イエスの言葉を解釈してはいけないのです。

では、イエスは、どういう意味で「信ずる者は救われん」と言ったのでしょうか？

▼キリスト教とユダヤ教の違い

結論を先に言えば、この「信ぜよ、さらば救われん」は、

——救われた者が信じられる——

といった意味なんです。そう読むべき言葉です。

自動販売機型の信仰によると、

わたしが（現在）神を信じることによって——→（未来に）神がわたしを救ってくださる。

となります。けれども、イエスが言うのは、

（過去に）神がわたしを救ってくださったから——→（現在）わたしは神を信じることができる。

ということなんです。

ここのところがよく分かっていないと、われわれにはキリスト教が理解できません。なぜなら、『新約聖書』には、

《人が義とされるのは律法の行いによるのではなく、信仰による》（「ローマ信徒への手紙」3）

といったパウロの言葉があります。ここで〝義とされる〟という言葉は、本来は法廷用語であったそうです。神の法廷において無罪判決を受けたとき、その人は「義とされる」のです。では無罪判決を受けるには、どうすればよいでしょうか？　ユダヤ人は、律法を忠実に守ることがその条件と考えました。それに対してキリスト教徒は、信仰によって義とされるのです。そうパウロは主張しています。

しかしこれを単純に、われわれが義とされる（救われる）のは、律法を守るという行為によるか／信仰によるかと理解したのでは、結局はパウロの言葉を誤解したことになります。パウロの主張は、

ユダヤ教では……（現在）われわれが律法を守ることによって、（未来に）神の救いがある、

と考えられているのに対して、

キリスト教では……（過去に）神の救いに与った者が、（現在）イエスを神の子と信じることができる、

ということになります。

したがって、ユダヤ教はどちらかといえば自動販売機型、ご利益信仰型の宗教になります。われわれは神の救いに与るために、律法を守らねばならない――それがユダヤ教の考

え方です。それに対してキリスト教は、もうすでに神によって救われている者が、キリスト教徒になれるのだ――、という考え方をしています。ここのところがキリスト教の本質です。われわれはこのユダヤ教とキリスト教の違いがよく分からないと、キリスト教を真に理解することはできません。

▼予定説について

話がだいぶむずかしくなっていますが、もう少しお付き合いください。じつは、キリスト教神学には、

――予定説（doctrine of predestination）――

といった理論があります。あまり表立っては論じられていませんが、初期キリスト教会最大の思想家とされるアウグスティヌス（三五四―四三〇）や宗教改革者のカルヴァン（一五〇九―六四）が、この予定説を強調しています。オランダの神学者のヤンセン（一五八五―一六三八）が提唱したジャンセニスムも、予定説にもとづくものです。

では、予定説とはどういう理論でしょうか。『広辞苑』は、それを、

《〔宗〕キリスト教神学において、人間は救われるか滅びるかあらかじめ神の意志によって定められているとする説》

と解説しています。だいたいはこれでよいでしょう。神のほうで、その人を救うか／救わないかをあらかじめ決めておられる（予定）のであって、その人がいかなる行為をするかは、救いとは無関係だというのが予定説です。

したがって予定説は、自動販売機型の信仰とまったく反対なんです。自動販売機型だと、人間がこれこれの行動をすれば（たとえばお賽銭をあげる。いい子でいる）、神がその人に利益を授けてくださるとなりますが、予定説だと、すでに救われているから（あらかじめ救いが予定されているから）、その人は神が期待しておられる行動ができるのです。どうもこの予定説は、自動販売機型の信仰しか持っていない日本人には、理解に苦しむものです。それ故、日本人にはキリスト教徒が少ないのかもしれません。

しかし、このように説明すると、多くの人が疑問に思います。多くの人が、「そうすると、救いを予定されている人が、万一、悪いことをしても、その人は救われるのですか⁉ いや、それはよいとして、反対に滅びを予定されている人が改心して、立派な人間になっても、その人は滅びるのですか⁉ それじゃあ、その人は気の毒です。神はそんな気の毒なことをなさるのですか⁉」といった反問をします。だが、そのような反問は、やはり自動販売機型の信仰にもとづいています。まったく予定説が分かっていないのです。

いいですか、救いというのは、この世で金持ちになることではありません。現世における出世が救いではありません。日本人は、神に救われることは、この世で出世をし、金持ちになることだと思ってしまいますが、それは自動販売機型の信仰です。

▼「救い」と「滅び」

イエスが言う「救い」は、来世において神の国に往けることです。

そして「滅び」とは、来世において神の国に往けないことです。まあ、地獄に堕ちることと言ってもよいでしょう。しかしイエスは、あまり「地獄」について発言していません。彼にとって「滅び」とは、神から離れることであって、神の国に往けないことだと説明すればよいでしょう。

さて、イエスを信じた者、イエスを神の子だと信じた者、イエスの教えを信じた者は、死後、神の国に往けます。それが「救い」であって、そこで「信ずる者は救われん」となるのです。

反対に、イエスを信じなかった者は、死後の「滅び」が待っています。それを地獄に堕ちると言っておきましょう。

で、このイエスを信じる／信じないは、わたしが信じる／信じないではありません。あらかじめ神が予定しておられるのです。
わたしたちは、自分が神を信じるかのように思っていますが、そうではありません。それだと、神は人間の審査の対象になってしまいます。美人コンクールであれば、審査員が応募者を審査するのですが、それと同じように人間が審査員であって神の優劣を決めるのですか⁉ そうではないでしょう。神のほうに人間を審査する権限があります。神のほうから、わたしをしたがって、「俺が神を信じてやる」のではありません。神のほうから、わたしをして信じさせてくださるのです。

前に親鸞が、

《如来よりたまはりたる信心》

と言っていることを述べましたが（八〇ページ参照）、それがこの「神のほうから、わたしを信じさせてくださる」ということに通じます。多くの人が言っていますが、どうやら親鸞はキリスト教的発想をしていたようです。

そこで前の疑問ですが、

「救い」を予定されている人が、神を信じられなくなったら……？
「滅び」を予定されている人が、神を信じるようになったら……？

といいますが、そんなことはあり得ないのです。だって「滅び」を予定されている人は、どんなに本人が神を信じようと努力しても、神を信じられないように神によってつくられています。「救い」を予定されている人は、本人の意志とは無関係に、神を信じられるように神によってつくられているのです。もしも信じている者が信じられなくなり、信じられない者が信じるようになったりすれば、それは神の設計ミスです。けれども、神が設計ミスをされることは絶対にありません。神の「予定」通りになります。だから、

信じる者は救われる、

であり、

信じない者は滅びる、

のです。それが「予定説」です。ちょっとおもしろい考え方ですね。

▼信心をいただいていない人

いま、親鸞はキリスト教的発想をしている——と書きましたが、これをあまり早合点をしないでください。親鸞はキリスト教的ではあっても、キリスト教徒ではありません。親鸞は仏教者です。仏教とキリスト教では、考え方が根本的に違っています。

どう違うか？

キリスト教においては、神は、「滅び」にいたる人を予定しておられます。そしてその

人には、神を信じられないようにしておられます。「救い」にいたる人と、「滅び」にいたる人の二種類があるわけです。

では、仏教においても、二種類の人があるのでしょうか。仏教の阿弥陀仏は、ある人には極楽往生を予定され、そしてその人には信心をたまわる。別の人には地獄を予定され、その人には信心を与えられない。そういう仏なんでしょうか？

とんでもない！　阿弥陀仏はそういう仏ではありません！

阿弥陀仏は、いっさいの衆生、生きとし生ける者のすべてを、ご自分の仏国土である極楽世界に迎えとりたいと願っておられます。だいたいにおいて、仏教は、

——一切衆生——

を救いの対象としています。そこに仏教とキリスト教の大きな差があります。

さて、そうすると、「わたしは神／仏を信じられない」と言う人がいれば、われわれはそういう人にどう対応すればいいでしょうか。つまり、無宗教者・信仰を持たない人に対するわれわれの態度です。

キリスト教であれば、「わたしは神を信じることはできない」と言う人がいれば、こちらは、

「お気の毒ですね、神はあなたに滅び（地獄）を予定しておられるのです。だからあなた

は神を信じることができないのです」

と、軽蔑すればいい。それ以上のことをこちらがしてあげられません。なにせ神が救い／滅びを予定しておられるのですから、人間には何もできないのです。

〔わたしはそう思いますが、歴史的にはキリスト教国は異教徒に対して伝道・布教というお節介をやいてきました。わたしは、これはキリスト教徒が犯した大きな過ちだと思います。もっとも、最近のカトリックの伝道・布教に対する考え方は、だいぶ変わりました。最近は、神が伝道される、わたしたちはそのお手伝いをさせていただいているのだ、といった考え方になっています。でも、これも予定説とは違う考え方ですね。この問題をどう考えるべきか、わたしにはよく分かりません〕

では仏教であれば、「わたしは仏を信じない」と言う人に対して、どういう態度をとればいいでしょうか。「お気の毒ですね。仏があなたを滅びに予定されているのです。だからあなたは仏を信じることができないのです」と言うわけにはいきませんね。仏はすべての衆生を救おうとしておられるからです。仏が「滅び」に予定しておられる人なんていません。

それについては、親鸞はこう言っています。

《親鸞におきては、たゞ念仏して弥陀にたすけられまひらすべしと、よきひとのおほせをかふりて信ずるほかに、別の子細なきなり。

……（中略）……

詮ずるところ、愚身の信心におきてはかくのごとし。このうへは、念仏をとりて信じたてまつらんとも、またすてんとも、面々《めんめん》の御《おん》はからひなりと云々《うんぬん》》（『歎異抄』第二段）

〔親鸞においては、ただお念仏を称えて阿弥陀仏にたすけていただくばかりであると、わが師である法然上人にお教えいただいたことを信ずるよりほか、なにもない。

……（中略）……

つまるところ、わたしの信心はこれだけである。このうえは、念仏を信じようと捨てられようと、それぞれのお考えである。親鸞聖人はそう語られた〕

要するに、わたしの信心はこうだ。あなたがどうされようと、それはあなたがたの勝手である。それが親鸞の態度です。

わたしはこの態度に賛成です。もちろん、内心では、

〈あなたはまだ仏から信心をいただいていないのです。お気の毒ですね〉

と思っていますよ。でも、だからといって、相手に信心を押し付けようとは思いません。

わたしは、自分がいただいた信心を大事にするだけです。

仏教にしろキリスト教にしろ、

――わたしはわたしで、あなたはあなた――

といった態度がいちばんいいと思います。あまり他人に干渉しないようにしましょう。しかし、これはわたしの考え方です。あなたがわたしに賛成されようが／反対されようが、それはあなたの勝手です。

▼永遠の命

イエスに戻ります。

では、わたしたちは、何のためにイエスを信じるのでしょうか?

「何のため?」と問えば、ご利益信仰のように思われますが、イエス自身がその問いに、

――永遠の命を得るため――

と答えています。そこを読んでみましょう。


「神は、その独り子をお与えになったほどに、世を愛された。独り子を信じる者が一人も滅びないで、永遠の命を得るためである。神が御子《みこ》を世に遣わされたのは、世を裁くためではなく、御子によって世が救われるためである。御子を信じる者は裁かれない。信じない者は既に裁かれている。神の独り子の名を信じていないからである。

光が世に来たのに、人々はその行いが悪いので、光よりも闇の方を好んだ。それが、もう裁きになっている。悪を行う者は皆、光を憎み、その行いが明るみに出されるのを恐れて、光の方に来ないからである。しかし、真理を行う者は光の方に来る。その行いが神に導かれてなされたということが、明らかになるために」(「ヨハネによる福音書」3)

イエスは神の独り子です。神はその独り子をこの世に送って来られました。それは、神がこの世を愛しておられるからです。

そして、イエスが神の独り子だと信じた者は、それによって救われるのです。永遠の命を得ます。反対に信じなかった者は、救われません。ここを注意深く読んでください。

《御子《みこ》を信じるものは裁かれない。信じない者は既に裁かれている》

とあります。〝裁く〟というのは、「断罪される」ことです。イエスを神の子と信じない者は、もうすでに断罪されているのです。これからの未来に断罪されるのではありません。ここに予定説の考えがあります。もうすでに断罪されているから、その人はイエスを神の子と信じられないのです。「お気の毒に」と言うよりほかありませんね。

ですから、わたしたちは、永遠の命を得るためにイエスを信じるのです。

いや、そういう言い方はちょっとよくないですね。すでにイエスを神の子と信じた者に、永遠の命が与えられるのです。わたしがイエスを信じるのではなく、神がわたしをして信じさせてくださるのです。そこのところを勘違いしてはいけません。

▼神の国に入る

じつはわたしは、この「永遠の命」というのが、昔はよく分かりませんでした。『新約聖書』のあちこちで、イエスは尋ねられています。

するとある律法の専門家が立ち上がり、イエスを試そうとして言った。「先生、何をしたら、永遠の命を受け継ぐことができるでしょうか」(「ルカによる福音書」10)

また、この話は前に八四ページで紹介しましたが、こんどは「マタイによる福音書」(19)から引用します。

さて、一人の男がイエスに近寄って来て言った。「先生、永遠の命を得るには、どんな善いことをすればよいのでしょうか」

このように人々は「永遠の命」に対する願望を持っていたのです。そしてわたしはこれを、不老不死に対する願望、絶対に死なないでおられることへの願望と錯覚していたのです。その願望にイエスが答えたのだと思っていました。そして、〈人間が死なずにおれるなんて、いくら神の奇蹟によろうが、そんなことはあり得ない。『聖書』は馬鹿なことを言っている〉

と、心の中でそう思っていました。

その「永遠の命」を得ることが、神の国に入る、いや神の国に入れてもらえることだと気づいたのは、ずっとあとになってからです。われわれが神の国に入れてもらえると、そこで永遠に生き続けることになります。それが「永遠の命」を得ることになるのです。だとすれば、それは仏教の「極楽往生」への願望と同じです。わたしたちが「南無阿弥陀仏」（阿弥陀仏よ、おまかせします）と称えれば、阿弥陀仏はその人を、ご自分の仏国土である極楽世界に迎えてくださる。そしてその極楽世界において永遠の寿命が得られます。もっとも、ここのところでは、法然と親鸞では、少し考え方の違いがあります。親鸞は、いったん極楽世界に往生をしても、再びわれわれはこの娑婆世界に戻って来ると言っています。彼はそれを「還相の回向」と呼ぶのですが、あまり専門的になるので省略することにします。ともあれ、仏教の浄土教においては、阿弥陀仏の救済力を信じた者は、死後、極楽世界に往って「永遠の寿命」を得るといった考えがあります。イエスの言う「永遠の命」は、これと同じです。われわれは神の国において「永遠の命」を得るのです。決してこの世界において「不死」になるのではありません。その点をまちがえないでください。

▼極楽浄土を信じる

いま、神の国と極楽世界との相似を言いました。両者ともに死後の世界です。われわれが死んだあとで神の国に入れてもらい、極楽世界に迎えてもらえるのです。その点では類似していますが、だからといってキリスト教と仏教が、死後の世界について同じ考え方をしているのではありません。その点を勘違いしないでください。

もともと、仏教の原点である釈迦は、死後の世界について、

――考えるな！――

と教えました。死後の世界があると考えてもいけないし／ないと考えてもいけないのです。宗教というものは、死後の世界があると言っているのだと思っている人が多いようで

すが、それはまちがっています。釈迦の教えは、「死後の世界については考えるな！」というものです。

『マッジマ・ニカーヤ』（六三）に「箭喩経《せんゆ》」と題される経典があります。そこでは、有名な「毒矢の譬え」が説かれています。

死後の世界の有無を問う男に、釈迦は、

「そなたは、毒矢で射られた男が、治療もせずに、『死後の世界はあるか／ないか』を考えているのと同じだ。いま、大事なことは治療をすることだ。つまり、苦なる人生の『苦』を解決することだ。死後の世界の有無なんて、どうでもいい問題なんだ」

と教えています。この「考えるな！」が、死後の世界に対する仏教の基本的な態度です。で、この「考えるな！」を実践するために、釈迦の弟子である出家修行者たちは修行をしました。仏教の修行というのは、考えないでいいことを考えないでおられるための訓練だと思います。そういう訓練をしないと、われわれはつい、考えないでいいことを考えてしまいます。

では、われわれ在家信者はどうなるでしょうか？　われわれは釈迦から「考えるな！」と言われて、「はい、考えません」とはなりませんよね。どうしても死後のことを考えてしまいます。最近は「終活」といって、死んだあとの心配をすることがまともな人間のように思われています。わたしに言わせれば、それは釈迦に楯突いていることです。

ともかくわれわれは、死後のことをあれこれ心配します。

そういうわれわれに対して、そこで極楽浄土の教えがあります。何も死後のことは考える必要はない。わたしたちが阿弥陀仏を信じて、「南無阿弥陀仏」と称えるなら、阿弥陀仏がわたしたちを極楽世界に迎えてくださるのだから。阿弥陀仏はそう言ってくださっているのです。わたしたちはただ阿弥陀仏を信じるだけでよいのです。

信じることができれば、その人は何も考える必要はありません。信じることによって、釈迦の教えの「考えるな！」を実践できます。それが極楽浄土の意味です。

わたしはいま、阿弥陀仏を信じています。わたしが死んだ瞬間、阿弥陀仏はわたしを極楽世界に迎えとってくださいます。そして、阿弥陀仏の弟子になって、阿弥陀仏からあれこれ教わることができます。この世に残った死体は、わたしの脱け殻です。「だから、それを蹴飛ばそうとどうしようと、あなたがたの好きなようにすればいい」と、嫁や子どもに言い聞かしています。それが、終活なんてやる必要はないという、わたしの持論です。

まあ、終活をやりたい人はおやりになって結構です。わたしは以前、『終活なんておやめなさい』（青春出版社）という本を書きましたが、そして少しは売れましたが、反発もありました。「おやめなさい」という命令形に対する反発でしょうか。でも、やりたい人

はやればいいのです。それこそ親鸞の言う、

《面々《めんめん》の御はからひなり》——それぞれの勝手である——

ですよね。しかし終活をやる人は、阿弥陀仏を信じていないことになります。それだけは言っておきたいですね。

▼神の国への入場券

では、どうすればイエスが信じられるようになるでしょうか？　それは同時に、どうすれば阿弥陀仏が信じられるか、といった問いに重なります。

そしてその問いに対する答えは、もう大部分をすでにわたしは書いています。

まず、わたしがイエスを信じる、阿弥陀仏を信じるのではありません。それだと、「わたしが信じてやる」ことになり、わたしはイエスや阿弥陀仏よりも偉い存在になってしまいます。そうではなくて、神や仏がわたしをして信じさせてくださるのです。だから、「どうすれば信じられるか？」といった問いに答えはありません。強いて言えば、あなたがいま信じられないのであれば、信じられるようになるまで待つべきです。でも、待っていれば、必ず信じられるようになる保証はありませんよ。あなたがいま信じられないのであれば、たぶんあなたは死ぬまで信じられないでしょう。「ご愁傷さま」と言うよりほか

ありませんよね。
それから、イエスは、

《神の国に入るのは、なんと難《むずか》しいことか。金持ちが神の国に入るよりも、らくだが針の穴を通る方がまだ易しい》（「マルコによる福音書」10）

と語っています。このイエスの言葉、前にも引用しました（八六ページ参照）。イエスは、財産のある者は神の国に入れない、したがってイエスを信じられないと語っています。だとすると、イエスを信じる（信じさせていただく）ためには、われわれは財産を捨てる必要があります。ただし、われわれが財産を捨てれば、必ずイエスが信じられるのではありません。そうであれば、ホームレスの全員がイエスを信じられることになります。イエスを信じる（信じさせていただく）ためには、最低限財産を捨てる必要があるというのです。だから、あなたはまずは財産を捨てなさい――というのが、どうすればイエスが信じられるかに対する答えになります。

そして、この財産を捨てるということは、現世に対する権利放棄になります。われわれは現世に執着しています。金持ちになりたい・優等生になりたい・成功したい……と、さまざまな欲望を持っています。そして、そのような欲望を充たそうとして、神を信じるのです。いわゆる現世利益の神頼みです。日本の神道なんて、まさに現在利益の宗教ですし、イエスの眼から見ればユダヤ教が現在利益の宗教になっていたのです。そのような現世利益の宗教は、本当の宗教ではない。現世に対する執着を捨てたとき、わたしたちは神の国に入ることができる。イエスはそう考えたのです。そして現世に対するいっさいの執着、いっさいの関心を捨てよとわたしたちに命じました。現世に対するいっさいの関心を捨てたとき、そこに神の国が実現しています。

それがイエスの言っていることです。だからイエスは、終活なんてやっている人を軽蔑するでしょうね。それは現世に対する執着を意味します。わたしたちはあの世——神の国・極楽浄土——にだけ関心を持てばいいのです。それがイエスを信じ、阿弥陀仏を信じることになります。「信じる」ということは、いっさい自分の判断を放棄して、絶対者におまかせすることです。

ともあれ、われわれは、現世に対する思い入れ、執心を捨てねばなりません。それが神の国＝永遠の命への入場券になります。

▼幼児のごとくに

だから、イエスはこう語っています。

「はっきり言っておく。心を入れ替えて子供のようにならなければ、決して天の国に入ることはできない。自分を低くして、この子供のようになる人が、天の国でいちばん偉《えら》いのだ」(「マタイによる福音書」18)

これは弟子たちから、

「いったいだれが、天の国でいちばん偉いのでしょうか」(同前)

と問われたとき、イエスが答えたものです。

「信ずる」というのは、イエスの言うように、赤ん坊の態度です。赤ん坊は、〈いま親の言うことを聞いておけば、親はぼくを安楽な生活ができるようにしてくれるだろう〉

と、打算・計算の上で親を信じるのではありません。小学生や中学生になれば、そういう打算も働きましょうが、赤ん坊は何も将来のことを考えずに、親を信じているのです。ですからわたしたちも、将来のことを考えずに、赤ん坊のようになって神を信じるのです。

それがイエスの考え方だと思います。

しかし、赤ん坊のようになるのは、簡単なようですが、なかなかむずかしいですね。ゆっくりとその方向に心掛けましょうよ。急いだところで、簡単になれるわけではないのですから。

8

人を裁くな！

▼悪人正機説

仏教においては、親鸞の、

《善人なをもて往生をとぐ、いはんや悪人をや》

といった言葉が有名です。この言葉は『歎異抄』（第三段）にあります。われわれは、これを親鸞の言葉として教わってきました。だが、最近の学説では、これは親鸞の師の法然の言葉とされています。親鸞は法然から聞いた言葉を弟子たちに伝えたようです。

ともあれ、『歎異抄』第三段の全文を読んでみましょう。

《善人なをもて往生をとぐ、いはんや悪人をや。しかるを、世のひとつねにいはく、悪人なを往生す、いかにいはんや善人をや。この条一旦そのいはれあるににたれども、本願他力の意趣にそむけり。

そのゆへは、自力作善のひとは、ひとへに他力をたのむこゝろかけたるあひだ、弥陀の本願にあらず。しかれども、自力のこゝろをひるがへして、他力をたのみたてまつれば、真実報土の往生をとぐるなり。

煩悩具足のわれらは、いづれの行にても生死をはなるゝことあるべからざるを、あはれみたまひて願をおこしたまふ本意、悪人成仏のためなれば、他力をたのみたてまつる悪人、もとも往生の正因なり。よて善人だにこそ往生すれ、まして悪人はと、おほせさふらひき》

〔善人が往生できるのだから、悪人が往生できるのはあたりまえである。それなのに世間の人々は、悪人でさえ往生できるのなら、善人が往生できるのは理の当然と言っている。この世間の人々の言い種《ぐさ》は、一見、筋が通っているように思われるが、阿弥陀仏の本願他力の教えと牴触《ていしょく》するものである。

なぜなら、自分の力でもって善行を積もうとする者は、他力に頼ろうとする心がどうしても弱くなるのであって、阿弥陀仏の本願はそういう人のためのものではない。しかしながら、自力の心を捨てて他力を信ずれば、その人はお浄土のどまんなかに往生させてもらえるのである。

煩悩の多いわれわれが、いかなる修行によってもこの生死の苦しみの世界から脱却できないでいるのを憐《あわ》れに思われた阿弥陀仏が願《がん》をたててくださったのであり、だとすればその仏の願の本意は、悪人を仏にしてやろうというものである。それ故、他力にすがろうとする悪人こそ、お浄土に往生させてもらえる真の対象者なのだ。そこで、善人が往生できるのだから、まして悪人が往生できるのは当然だと言われたのである」

これは、古来、

――悪人正機説――

と呼ばれているものです。阿弥陀仏の「救い」の真の対象者は、善人ではなく悪人だというのです。法然も親鸞も、そのように考えていました。

▼本願誇り

法然も親鸞も、ともに「悪人正機説」に立っていますが、二人の考え方には微妙なずれのあることは否定できません。

法然の考え方は、阿弥陀仏は善人／悪人を差別しておられない。阿弥陀仏は、あらゆる衆生を救おうとされている。しかし、阿弥陀仏の救済力をより強く必要としている者を、阿弥陀仏はまず先に救われる――というものです。

たとえば、嵐の海で船が難破して、大勢が救助を待っています。そこへ駆け付けた阿弥陀仏は、もちろん全員を救われます。しかし、立ち泳ぎをしてしばらく救助を待っていられる人は後回しにされ、まったく泳げない人を阿弥陀仏は先に救われる。それが法然の思想です。ですからこれは、むしろ「悪人優先説」と言ったほうがよさそうです。

この法然の考え方は、前に六四ページで紹介した、

《父は悪人にも善人にも太陽を昇らせ、正しい者にも正しくない者にも雨を降らせてくださる》

といった、イエスの言葉に通じるものです。

ところが、親鸞の考え方は違います。親鸞によると、阿弥陀仏は、

「善人のことなど、わしゃ知らんよ。善人は自分で勝手にすればいい。わしゃ、悪人を救ってやる」

と言われるだろうと考えられています。こちらのほうが「悪人正機説」と呼ぶにふさわしいでしょう。

この法然と親鸞の違いは、

――本願誇《ほんがんぼこ》り――

に対する態度にもよくあらわれています。

「本願誇り」というのは、阿弥陀仏は悪人を救われるのを本願としておられるのだから、阿弥陀仏に救われるためにはわれわれは悪人にならねばならない——と考えて、積極的に悪をやろうとするものです。この考え方はよくないと法然は考えています。だが親鸞は、これをよくないと考えることは、阿弥陀仏の本願の不思議を疑うものだとするのです。どちらかといえば、親鸞は本願誇りに傾いています。

▼正客の思想

さて、わたしは先程、法然の考え方をイエスの言葉でもって説明しました。そうするとわたしは、イエスの考え方は親鸞よりも法然に近いと断定したように思われますが、果たしてそうでしょうか。印象的には、親鸞のほうがイエスに近いとわたしには思われるのです。

じつは、キリスト教には、

——正客の思想——

というべきものがあります。〝正客〟というのは、茶会などにおいて最上位の席に坐わる客です。

「マルコによる福音書」（2）によると、あるときイエスは、多くの徴税人や罪人とともに食事をしていました。徴税人というのは、ローマの手先となって、民衆から税金を取り立てる者です。したがって民衆から嫌われていました。

それを見たファリサイ派のこちこちの律法学者が、

「どうして彼は徴税人や罪人と一緒に食事をするのか」

と、イエスの弟子たちを詰問しました。そしてそれを聞いたイエスは、

「医者を必要とするのは、丈夫な人ではなく病人である。わたしが来たのは、正しい人を招くためではなく、罪人を招くためである」

と答えています。これが「正客の思想」です。イエスの饗宴に招かれる最上位の客とは、罪人すなわち悪人です。だからこの「正客の思想」は、仏教の「悪人正機説」に通底します。

ところが、ここのところがキリスト教の厄介なところなんですが、いまわたしが「マル

コによる福音書」によって引用した部分を、「ルカによる福音書」(5)はこう書いていま
す。

「医者を必要とするのは、健康な人ではなく病人である。わたしが来たのは、正しい人を招くためではなく、罪人を招いて悔い改めさせるためである」

これは、罪人は罪人のままではいけない。悔い改めないといけない、と言っているんです。そうなるとこれは、「悪人正機説」とはいえません。悪人はイエスの救いから排斥されています。善人だけが救われることになります。

では、「マルコによる福音書」と「ルカによる福音書」の、どちらがイエスの考えなんでしょうか。わたしはこの部分を、ひろさちや・荒井献共著『ひろさちやが聞く新約聖書』(すずき出版)によって論じていますが、荒井献氏は、「マルコによる福音書」のほうがイエスの考えをよく伝えていると言っておられます。どうも「ルカ」は、悔い改めということが好きなんだ、というのが荒井氏の感想です。

▼わたしたちみんなが悪人である

そうすると、わたしたちは悔い改めないといけないのですか？　悪人は悪人のままでは救われず、悪人が悔悛して善人にならないと救われないのですか？

罪人は改悛しないと罪が許されないのですか？

そうではないでしょう。もしもそうであれば、それは宗教の考え方ではなく、司法機関と同じ論理に立っています。わたしは宗教というものは、悪人を悪人のまま救うものだと思います。

イエスに、こんな話があります。

あるとき、姦通の罪で捕まった女がイエスの前に連れて来られます。イエスの言質をとって、彼を告発したい律法学者が尋ねます。

「先生、この女は姦通をしているときに捕まりました。こういう女は石で打ち殺せと、モーセは律法の中で命じておられます。ところで、あなたはどうお考えになりますか」

これは「ヨハネによる福音書」(8)に出てくる話です。イエスは黙っています。しかし執拗に問い続けられて、イエスはこう言いました。

「あなたたちの中で罪を犯したことのない者が、まず、この女に石を投げなさい」

それを聞いた人々は、一人また一人と立ち去って行きます。最後にイエスと女が残りました。そしてイエスが言います。

「婦人よ、あの人たちはどこにいるのか。だれもあなたを罪に定めなかったのか。」

女が、「主よ、だれも」と言うと、イエスは言われた。「わたしもあなたを罪に定めない。行きなさい。これからはもう罪を犯してはならない。」

イエスは、「女を赦してやれ」と言うわけにはいきません。そんなことを言えば、イエスが律法を犯したことになり、告発されてしまいます。そこでイエスが言ったのが、

《「あなたたちの中で罪を犯したことのない者が、まず、この女に石を投げなさい」》

でした。イエスは、われわれの全員が有罪だ。罪人なんだ。罪人が罪人を裁くことができるか⁉　そう反問しているのです。

わたしがちょっと不安になるのは、現代の日本人であれば、イエスがこう言ったとき、

「はい、それじゃあわたしが石を投げましょう」

と、女に向かって平気で石を投げつける人が大勢いるのではないか、ということです。わたしたちはみんな罪人なんだ、悪人なんだ、といった自覚が日本人にはありません。それが現代日本社会の恐ろしい姿です。

以前、テレビ番組で親鸞の「悪人正機説」を解説したとき、出演されたあるタレントが、

「こんな考え方はおかしい」と言われました。そこでわたしはこう応じました。

「あなたは、ご自分を善人だと思っておられますか？」

「そりゃあ、わたしは善人ですよ。ほんのちょっと悪いことをしましたが、大きな犯罪につながるようなことはしていません」

「でも、あなたは善人ではないのですよ。あなたは偽善者ですよ」

「えっ、わたしは偽善者⁉」

しばらく沈黙したあと、彼は述懐されました。

「なるほど、わたしは偽善者です。偽善者は善人ではなくて悪人ですね。親鸞の教えがよ

く分かりました」

わたしは、そう言われたタレントを尊敬しています。

▼「人の悪口は言うな！」

さて、イエスは、「マタイによる福音書」（7）において、こう語っています。これは「山上の垂訓」の中の言葉です。

「人を裁くな。あなたがたも裁かれないようにするためである。あなたがたは、自分の裁く裁きで裁かれ、自分の量る秤《はかり》で量り与えられる」

これは、「ルカによる福音書」（6）にも出てきます。そちらのほうも引用しておきましょう。

「人を裁くな。そうすれば、あなたがたも裁かれることがない。人を罪人だと決めるな。そうすれば、あなたがたも罪人だと決められることがない。赦しなさい。そうすれば、あなたがたも赦される。与えなさい。そうすれば、あなたがたにも与えられる。

押し入れ、揺すり入れ、あふれるほどに量りをよくして、ふところに入れてもらえる。あなたがたは自分の量る秤で量り返されるからである。」

わたしは、このイエスの発言にはちょっと賛成できません。わたしが他人の悪口を言わなければ、他人もわたしの悪口を言わない——とイエスは述べていますが、果たしてそうでしょうか。人は他人の悪口を言うものです。現代の日本人であれば、自分のことは棚上げにして他人の悪口を言いまくります。姦通した女に平気で石を投げるでしょう。だから、わたしが他人の悪口を言わなければ、他人もわたしの悪口を言わないのではありません。

したがってイエスは、

《「人を裁くな。そうすれば、あなたがたも裁かれることがない」》

と言いましたが、これはただ、

——人を裁くな！——

だけでよいのです。少なくともわれわれ現代人には、それだけでいいでしょう。他人のことは放っておいて、わたし自身が他人を裁かなければよい。わたしはそう思います。

「そうするとイエスは、『裁判員になってはならない』と言っているのですか？」

そんな質問を受けたことがあります。日本でも二〇〇九年に裁判員制度が導入され、ひょっとすればあなたが裁判に関与せざるを得なくなるかもしれません。それでそういう質問を受けたのです。

だが、イエスの言う「人を裁くな！」は、そういう意味ではありません。正式の裁判は、ただ裁判官、裁判員だけが裁くのではないのです。裁判官のほかに、被告の罪を告発する検察官がいて、被告の罪を弁護する弁護人もいます。裁判官はその陳述をよく聞いた上で判決を下します。

ところが、われわれが日常、マスコミの報道だけでもって、

「あいつは悪い奴だ！」

と人を裁くのは、弁護士不在です。本人が裁いてくれと依頼したのでもなく、本人の申し立ても聞かず、あなたが一方的に検察官と裁判官の両役を兼ねて、勝手にその人を裁いているのです。そういう「裁き」はやめろ、とイエスが言ったのです。

したがってこれは、

「人の悪口を言うな！　噂話なんてするな！」

と言ったのです。わたしはそのように解釈しています。

▼心の中の姦淫

姦淫について、イエスは次のように言っています。

「あなたがたも聞いているとおり、『姦淫するな』と命じられている。しかし、わたしは言っておく。みだらな思いで他人の妻を見る者はだれでも、既に心の中でその女を犯したのである」(「マタイによる福音書」5)

モーセの「十戒」のうちには、

《姦淫してはならない》(「出エジプト記」20、「申命記」5)

があります。したがってユダヤ教においては、もちろん姦淫が禁じられています。しかしユダヤ教では、その行為だけが問題とされているのです。心の中で姦淫しても、あるいは殺人、盗み、詐欺……を働いても、それでもって罰せられることはありません。この点は、近代法のもとでもそうなっています。

ところがイエスは、その心の中を問題にするのです。心の中で姦淫したって、その人は姦淫したことになるのだ。イエスはそう言います。これは、心の中では罪を犯しながら、自分は悪いことはしていない、悪人ではないと、しゃあしゃあと善人面《つら》をしているユダヤ教徒に対する、イエスの叱りの言葉だと思います。

ところで、この点に関しては、イギリスの作家のサマセット・モーム（一八七四―一九六五）が次のように言っています。

《自分が心の中で考えていることを反省するならば、誰でも他人を非難する図々しさを持ちうるはずがないと私は思う。我々の人生の大部分は夢想で占められており、想像力が豊かな人ならば、夢想は多彩で生々《なまなま》しいものになるだろう。自分が夢想している内容が自動的に記録され、目の前に示されたとしたら、それに耐えうる人はいったい何人いるだろうか。きっと恥ずかしくて堪《たま》らなくなるだろう。……人間は自分の頭に浮かぶ忌まわしい考えを忘れ、他人の中にそういうものを発見すると腹を立てるのである》（『サミング・アップ』行方昭夫訳）

モームはイエスに賛同しています。誰だって心の中の姦淫をしているのだから、他人に対してもう少し寛大であるべきだ。ユダヤ人のような態度をとるな！

そして、モームは次のように続けています。

《〔誰もが潜在意識下ですごい妄想をしているのであるが〕こういう妄想が全ての人に共通なのだという認識は、他人に対しても自分に対しても寛大な気持を起こさせるはずだと思う。そう認識することで、仲間の人間を、どれほど正直な人や威厳のある人でも、ユーモアの気持で眺められるようになり、さらに、自分自身のこともあまり生真面目一方に考えないようになれるのなら、大いに結構なことだと私は思う。判事席の裁判官がいかにも熱をこめたように訓戒を垂れているのを聞いたとき、彼らの言葉から窺《うかが》われるほど完全に自分の人間らしさを忘れてしまうのが可能なのだろうかと考えてみたことがある。中央刑事裁判所の判事閣下《かっか》が判事席の花束の傍らに、一束のトイレット・ペーパーを置いておけばよいのに、と思ったものだ。そうすれば、自分も世間の人と同じ人間なのだということを思い出すだろう》

これは職業裁判官に対する皮肉です。裁判官は人を裁くとき、横にトイレット・ペーパーを置いておけ、というのは、人間、誰だって糞をする。自分も糞をするときの恰好を考えてみろ！　そう言っているのです。でも、わたしの糞は清潔ですと、きっと日本の裁判官も検事も言うでしょう。あなたは〈あーあ〉と溜め息をつきたくなりませんか。

▼人間は不完全

モームは皮肉屋です。《私は皮肉屋だと言われてきた》と、モームみずからが『サミング・アップ』の中で書いています。わたしはその皮肉屋であるモームが大好きですが、彼は『サミング・アップ』で次のように書いています。

《私は善人の善は当然視し、彼らの短所なり悪徳なりを発見すると面白がるのだ。逆に、悪人の善を発見したときは感動し、その邪悪に対しては寛大な気分で肩をすくめるだけにしてやろうと思う。私は仲間の人間の番人ではない。仲間の人間を裁くような気持にはなれない。彼らを観察するだけで満足だ。私の観察では、概して、善人と悪人の間には世の道徳家が我々に信じ込ませたがっているほどの差異は存在しないという結論になる》

「善人の善」「悪人の善」とはおもしろい表現です。善をするから善人であり、悪をするのが悪人です。普通はそうなりますが、モームは善人と悪人のあいだにそれほどの差はないと見ています。わたしは前にも言いましたが、すべての人は偽善者だと思います。偽善者のくせに、自分は善人だと思って、平気で人を裁く者もいるし、自分は悪人だと思って小さくなっている人もいます。イエスもモームも、そうしてわたしも、そういう小さくなっている人が好きなんです。それがすなわち「悪人正機説」ではないでしょうか。そういう小さくなっている人が、神や仏に救われる人なんです。自分を善人と思っている人は、神や仏に救われない人です。

ところが、多くの宗教家がここのところを誤解しています。善人になりなさい——。立派な人間になりなさい——。ほとんどの宗教家がそう言います。そして、それが宗教の教えることだと思っています。

大まちがいです。そんなことを教えるのは、ニセモノ宗教です。

ホンモノ宗教は、

――人間は不完全な存在である――

あるいは、

――人間はまちがいをする――

と教えています。わたしは、宗教にはホンモノとニセモノ、そしてインチキ宗教があると思っていますが、人間の不完全さを説くのがホンモノ宗教です。

たとえば『旧約聖書』にはダヴィデが登場します。ヘブライ王国の第二代の王で、紀元前約十世紀の人です。彼はイスラエルの理想の王とされますが、人妻に恋慕し、不倫の関係を結び、あげくはその夫を戦死させるようなことをしています。

そういう「わる」が、むしろ神に祝福されるのです。それは、政治家は政治家として功績があればいいので、神は神の物差しで測って――それは彼が神を信じていたからです――、ダヴィデを嘉されるのです。

これについては、山本七平がおもしろいことを言っています。

《「聖書」というと大変コチコチな、味も素気もない「信仰の書」と思われがちである。

だがそういう偏見をもたずに読めば、これは人類が残した最も面白い文学であり、何千年も読み継がれて来た理由の一つがその「面白い」という点にあることは否定できない。この書、特に「旧約聖書」においては「聖なるもの」は神のみであり、登場人物は、始祖アダム以来すべて欠点多き人間である。これが、「聖書は裏返して読めば非聖書である。なぜならそれは、人間がいかに『聖なる者』でないかを証明している書だから」と言われる理由であろう。

従って「聖人」は登場しない。後代が最も敬愛し、尊崇したモーセやダビデ王すら、実に欠点多い弱き人間であり、聖書は決して彼らを美化していない。殺人、強姦、裏切り、兄妹相姦、兄弟殺し、子を殺して食う話、あらゆる残虐行為、それらのすべてがあると言ってよい》(『山本七平の旧約聖書物語』三省堂)

▼イエスは弱い人のために来た

要するに、人間は不完全な存在だ――と宗教は教えています。キリスト教では、完全なのは神だけであって(あるいはそこにイエスを加えるべきでしょうか)、人間は不完全です。

仏教だって、われわれは凡夫であって、煩悩多き存在です。

日本の神道だって、カミはまちがいだらけの存在です。人殺しをし、嘘をつき、騙し、ペテンをやっているのがカミです。

そして、それでいいのです。人間はまちがいをし、煩悩があっていいし、不完全であっていいのです。不完全であっていいというより、人間は不完全だからそれ以外のありようがないわけです。

ところが、なかには、

「不完全であってはいけない。完全になるように努力しなさい」

「立派な人間になるようにがんばりなさい」

と言う宗教家がいます。そういう宗教家にイエスは辟易したのでしょう。

「あなたがたは、自分を善人、立派な人間と思っているようだが、そのような立派な人に宗教は要らない。健康な人には医者は要らないのだ。わたしは、わたしを必要とする人のためにこの世にやって来た。わたしを必要としている人は、人々から蔑《さげす》みの目で見られる人、貧しい人、弱い人、いま泣いている人である。その人々のためにわたしはやって来た」

イエスはそう語っています。

イエスが「立派な人間になりなさい」と説いたと思う人は、完全にイエスを誤解しています。わたしは、世界の大半のキリスト教徒がイエスを誤解していると思っています。もっとも、わたしの『聖書』理解が正しい保証はありません。ひょっとしたら教会に属する人々のほうが正しいかもしれませんが……。

▼「完全な者となりなさい」

だが、わたしには長いあいだ大きな疑問がありました。それは、イエスが、

「だから、あなたがたの天の父が完全であられるように、あなたがたも完全な者となりなさい」(「マタイによる福音書」5)

と語っていることです。

先程わたしは、人間は不完全である、そして不完全であっていいのだ、と書きました。ところがここで、イエスは、

《完全な者となりなさい》

と命じています。困りますね。これじゃあ、わたしが先程言ったことと矛盾することになります。これをどう解すればいいか、わたしにはずっと疑問だったのです。

しかし、前島誠『ナザレ派のイエス』（春秋社）によって、その疑問は氷解しました。

前島氏によると、ここで「完全な」と訳されているヘブライ語の〝シャレム〟は、「人がまだのみを当てる前の状態」を意味します。山から石が採掘されます。それを石工がのみを使って適当な大きさや形に整えます。しかしヘブライ人は、掘り出されたままの状態を「完全」ととらえた。それが〝シャルム〟の意味です。

《人はいつ「完全《シャレム》」でありうるのか。それは、あるがままの自分を、そっくりそのまま受け入れることができたときである。これがイエスの語る「完全であれ」の中味だった》

前島氏はそう述べておられます。

この前島氏の言われることによって、わたしはこう考えます。たしかにわたしたちは欠点だらけの人間です。そしてその欠点にのみを当てて匡正しようとします。でも、匡正できるわけがありません。それでわたしたちは、その欠点を隠そうとするのです。もっとひどい場合には、自分には欠点がないと考えてしまいます。それは偽善者の態度です。

そこでイエスは言うのです。

「あなたがたは、そんな偽善者の態度をとるな！　自分の欠点を平気で曝け出せる人間になれ！」

つまり、イエスは、「あるがままの人間になれ！」とわたしたちに命じたのです。ということは、「悪人になれ!」になります。いま、わたしはそのように考えています。

▼あるがままに生きる

あのカトリック作家の遠藤周作(一九二三―九六)が、こんなことを語っています。

《つまり、キリスト教でいう善とは、いいことをするという意味ではなく、春になれば木に花が咲き、鳥が雛《ひな》から育ってピーピーと鳴くように、あるべきものが、あるべき形になる状態をいうのです。そして、その反対に、あるべきものがあるべき形になっていないのを悪というのです。

これは、私の個人的な意見ではなく、中世の哲学者、聖トーマス・アクィナスなども言っていることなのです》(遠藤周作『私のイエス』祥伝社)

人間は神の被造物です。神が人間を造られたのです。だから、もしもあなたが疑い深い人間であるなら、神があなたを疑い深くさせておられます。反対にあなたが純真であれば、神があなたを純真にさせておられます。あなたは神の意のままにあればいいのです。それが善だ、と遠藤周作は言うのです。反対にあなたが神の意に叛《そむ》くことが悪なんです。

この考え方は、ヘブライ語の〝シャレム(完全な)〟というものと一致します。

人間は、いまあるそのままでいいのです。金持ちは金持ちでいいし、貧乏人は貧乏でいいのです。貧乏人が無理して金持ちになろうと努力する必要はありません。貧乏を楽しく生きていれば、ひょっとしたら金持ちになれるかもしれません。なれなければ、そのままでいいのです。

しかし、金持ちが金持ちのままでいいと言えば、「わしゃ、そんなことは言っとらんぞ」と、イエスに叱られるかもしれません。イエスによれば、たいていの金持ちは弱い者いじめをします。そういう金持ちは神の国に入ることはできません。もっとやさしい金持ち、貧乏人に同情できる金持ちになる必要があります。では、そのためにどうすればよいか？　イエスに訊けば、

「全財産を捨ててしまえ！」

となりそうです。ということは、金持ちは金持ちのままではいけないのです。この問題は、ちょっと保留にさせてください。

劣等生は、劣等生のままであっていいのです。別段、優等生になろうとがんばる必要はありません。そして優等生は優等生のままでいいのですが、劣等生を裁かない優等生になってください。

怠け者は怠け者のままでいいのです。怠け者がいないと、勤勉家が出て来れません。そして勤勉家は、

〈わたしは、あなたがた怠け者がいてくださるおかげで、勤勉家でいられます〉と、怠け者に感謝する勤勉家になるべきです。

それがイエスの言いたかったことではないでしょうか。わたしはそう考えます。

▼裁くのは神だ

校正をしていて気づいたのですが、わたしは、

《人を裁くな。そうすれば、あなたがたも裁かれることがない》（一五三ページに引用）

といったイエスの言葉を、あなたがたが人を裁かなければ、人もあなたを裁かない——と読んでいました。これは私の解釈のまちがいです。このイエスの言葉は、

《わたしが人を裁かなければ、神はわたしを裁かないであろう》

と読むべきです。つまり、人を裁かれるのは神であって、人が人を裁いてはならない——とイエスは言っているのです。

ここのところ、全面的に書き替えようかと考えましたが、論旨の都合上、このままにしておきます。しかし、イエスが言っているのは、「人を裁くことができるのは、神だけである。人間が人間を裁いてはならない」ということです。その点をよく銘記しておいてください。

9

敵をも愛せ！

▼愛敵の教え

キリスト教は「愛の宗教」だと思われています。なにせイエスは、

「しかし、わたしは言っておく。敵を愛し、自分を迫害する者のために祈りなさい」（「マタイによる福音書」5）

と言っているのですから。敵をも愛するなんて、なかなかできることではありません。でも、イエスがそう命じたからといって、それでキリスト教徒が敵を愛しているわけで

はありません。むしろキリスト教徒ほど、徹底的に敵を憎み、攻撃した人たちはいないでしょう。これは、わたしが言えば、キリスト教に対する謂われなき非難と思われそうなので、わたしの尊敬する聖書学者の荒井献氏に言ってもらいます。彼はこう述べています。

《「敵を愛しなさい」というイエスの戒めは、新約聖書――あるいは新約聖書を教典とするキリスト教――の中心的メッセージである、と思っている人々が多いのではなかろうか。それなのにキリスト教徒は、魔女裁判、十字軍からユダヤ人迫害、ベトナム戦争、湾岸戦争、そして最近の民族紛争に至るまで、異端とりわけ異教徒を「敵」視し、彼らに迫害を加えるか、そこまではいかないまでも、彼らに対する迫害を黙視してきた、あるいは現在も黙視しているのではないか。それなのに、今もって「愛敵」を説くのは、キリスト教徒の偽善ではないのか。》(荒井献『イエス・キリストの言葉』岩波現代文庫)

日本人として加えて言えば、アメリカは日本に原爆を落としました。何十万という非戦闘員を殺したのです。あれは国際法違反の犯罪行為です。あれがキリスト教徒の敵を愛する行為でしょうか。

人間、言っていることと、やっていることは違います。イエスが命じているからといって、キリスト教が「愛敵の宗教」だと思わないでください。

荒井氏は続けて言っておられます。

《イエスの愛敵の教えは新約聖書の中心的メッセージではない》
と。

▼十字軍は何であったか?

それはそうですが、少しキリスト教を弁護しておきます。

いま述べたところは、じつは政治の問題なんです。十字軍はちょっと違いますが、アメリカのベトナム戦争も湾岸戦争も、日本への原爆投下も、それは政治の問題であって、宗教の問題ではありません。アメリカの政治家が好戦的であり、そして戦争をやるときにアメリカの大統領が、

「神よ、われらを助けたまえ」

と祈りを捧げるのは、宗教をうまく利用しているのです。そういう政治の問題を、あたかも宗教の問題として論じるのは、いささかルール違反だと思います。

わたしが大学院生のとき、当時は米ソの対立の真っ只中でしたが、印度哲学科の教授が、仏教の五戒の不妄語戒《ふもうごかい》に触れて、

「ケネディもフルシチョフも嘘をつかなければ、世界は平和になる」

と言われたのに、ちょっと頭にきました。そうすると戦争が起きた原因が、ケネディや

フルシチョフが嘘をついたことになります。そうではないでしょう。政治の問題は政治として論ずべきです。いかにして平和を確立するかは、政治学・経済学・社会学によって論ずべきであって、それを宗教の問題として論じてはいけません。だから、キリスト教徒が「愛敵」の教えを実践していないという非難は、いわゆるお門違《かど》いです。正確には、アメリカの政治家どもが、イエスの「愛敵」の教えを踏み躙《にじ》って、世界のあちこちで戦争を仕掛けていると言うべきです。あれれ、キリスト教を弁護するつもりが、過激なアメリカ非難になってしまいましたね。いささかおとな気ないと思っています。

＊

それから、先程、十字軍は違うと言いましたが、十字軍はある意味では宗教的戦争でした。しかしこれも、われわれはキリスト教側の見方ばかりを教わって、イスラム教側からこれを見ればどう見えるかに無関心でいます。幸いにレバノン生まれのジャーナリストのアミン・マアルーフ著『アラブが見た十字軍』（牟田口義郎・新川雅子訳、ちくま学芸文庫）がありますから、興味のある方はそれをお読みください。

十字軍は、十一世紀の後半にセルジューク・トルコが小アジアに進出しビザンティン帝国を圧迫し、聖地エルサレムを占領して聖地への巡礼者を迫害したのに始まります。そこで西欧のキリスト教徒が聖地エルサレム回復を名目にした遠征軍を起こします。民衆は、

「神、それを欲したまう」

と叫んで、熱狂的に遠征軍に参加しました。

ところが、学者の研究によると、セルジューク・トルコによる、聖地エルサレムへのキリスト教徒への迫害は、ほとんどなかったとされています。キリスト教教会がそのようなデマを捏《でっ》ち上げて、民衆を煽動したのが実情のようです。アメリカがイラクに侵攻した二〇〇三年のイラク戦争も、アメリカがデマを捏ち上げたものだとされています。あれに似ています。

まあともかく、それでイスラム教徒のほうでは、十字軍の真の目的が分からず、これをキリスト教側からの故なき攻撃と受け取り、反撃に出ました。イスラム教には「聖戦（ジハード）」といった観念があって、異教徒との「聖戦」に参加するのはイスラム教徒の義務とされています。そこで多くのイスラム教徒がキリスト教徒との戦いに参加したのです。

十字軍は大規模なものだけでも、一〇九六年から一二九一年の二百年のあいだに八回起こされています。そして結局キリスト教側の目的は失敗に終わりました。だが、これによって、キリスト教徒がイスラム教徒を憎み、イスラム教徒もキリスト教徒を憎むようになったことは否めません。世界史的に不幸な事件でありました。

まあ、これでお分かりになるように、キリスト教が「愛敵の宗教」であるとは言えないと思います。

▼イエスの真意

さて、出発点のイエスの言葉に戻りましょう。もう一度、イエスの言葉を詳しく引用しておきます。

「あなたがたも聞いているとおり、『隣人を愛し、敵を憎め』と命じられている。しかし、わたしは言っておく。敵を愛し、自分を迫害する者のために祈りなさい。あなたがたの天の父の子となるためである。父は悪人にも善人にも太陽を昇らせ、正しい者にも正しくない者にも雨を降らせてくださるからである。自分を愛してくれる人を愛したところで、あなたがたにどんな報いがあろうか。徴税人でも、同じことをしているではないか。自分の兄弟にだけ挨拶したところで、どんな優れたことをしたことになろうか。異邦人でさえ、同じことをしているではないか。だから、あなたがたの天の父が完全であられるように、あなたがたも完全な者となりなさい」(「マタイによる福音書」5)

すでに何度も引用・紹介した部分もありますが、これがイエスの説法です。

イエスは、ユダヤ教の教えでは、

《隣人を愛し、敵を憎め》

と言われているが、しかしわたし（＝イエス）は、

《敵を愛し、自分を迫害する者のために祈りなさい》

と命じています。ユダヤ教の律法学者はそんなふうには解釈しませんが、イエスはそこまで律法を徹底して解釈しているのです。

なお、『旧約聖書』のどこにも「敵を憎め」とは書かれていませんが、荒井献氏によると、この戒めは「死海写本」にあるそうです（同氏『イエス・キリストの言葉』岩波現代文庫）。「死海写本」は「死海文書」とも呼ばれ、イエスの当時、クムラン地域にあった教団の関係文書です。一九四七年以後に発見されたものです。イエスは何らかのかたちで、この教団に関係していたようです。

さて、すでに述べたように、イエスはここで政治的発言をしているのではないのです。《敵を愛せ》といっても、国家が交戦している相手国の体制側の人間を愛せというのではありません。わたしたちの身の回りにいる隣人たち、たとえ交戦相手の国民であっても、為政者ではない人々、武器を持たずにいる市民を愛せと言っているのです。わたし自身は

アメリカという国家が大嫌いですが、しかしアメリカの庶民を憎んでいるわけではありません。国家と市民とは違います。わたしは、それがイエスの態度であったと思うのです。国を憎んで、人を憎まず――ではないでしょうか。

それからもう一つ、イエスは《敵を愛せ》と言っているのであって、「敵を好きになれ」と言っているのではありません。その点を勘違いしないでください。

われわれには、どうしても好きになれない人、嫌いな人がいます。それはあたりまえです。でも、嫌いな人に対して、人間として当然なすべきことはなすべきです。交通事故で苦しんでいる人に対して、〈あいつは俺の敵だから〉ということで、放っておくのは人間としてやってはならないことです。最低限、救急車を呼んであげるぐらいはすべきでしょう。その上で、もう少し親切にしてあげる。それが「愛する」ことだとわたしは思います。

▼「愛」ではなく「慈悲」を説く仏教

イエスの「愛敵」の教えはこれまでに述べたとおりですが、じつは仏教では、

――愛してはならない――

と教えています。不思議に思われるかもしれませんが、初期仏教の経典である『ダンマパダ』(二一二)には、

《愛より憂いが生じ、愛より怖れが生ず。愛を離れたる人に憂いなし、なんぞ怖れあらんや》

と説かれています。愛する者がいるから、その人との別離が悲しいのです。あれこれと悩みます。愛する者がいなければ、何も気にしないですみます。

また、愛は本質的に自己愛です。わたしたちは、自分の勝手な都合で他人を愛し、そして他人を束縛しようとします。親が子どもを愛するのも、わが子を自分の所有物と見ているからです。わが子が親に反抗するようになれば、親は裏切られたと思い、わが子を憎むようになります。

このように、愛は、愛する対象に向かって執着を起こします。仏教では、このように病的な執着となった愛を「欲愛」「渇愛《かつあい》」と呼んでいます。サンスクリット語だと〝トリシュナー〟です。

それ故、仏教は「愛するな！」と教えます。

そのかわりに「慈悲」を説きます。

慈悲の「慈」は、サンスクリット語の〝マイトレーヤ〟であって、〝ミトラ（友）〟という語からつくられたものです。特定の人間に対してではなく、すべての人に対して最高の友情をもつのが「慈」です。

一方、「悲」のほうは、サンスクリット語の〝カルナー〟であって、「呻《うめ》き」といった意味です。他人の苦しみを理解し、その他人と一緒に苦しみ、呻き声を発する行為が「悲」です。

したがって、仏教でいう「慈悲」は、わたしは、他人を理解し、他人と共感することだと思います。

▼〝愛〟という日本語

キリスト教は「愛の宗教」だといいますが、その「愛」は、自己愛・渇愛であってはならないと思います。

『岩波古語辞典』によると、〝愛〟は、

《相手を好いて強く執着し、心にかかって忘れ離れ得ない心持を表わす語》

です。だからそんなにいい意味ではありません。愛着・執着・愛執・欲愛といった意味なんです。

それ故、『岩波古語辞典』は左のような解説をつけています。

《儒教的に親子の情などのように相手をいたわり、生かそうとする心持をいい、仏教的には自分を中心にして相手への自分の執着を貫こうとする心持をいう。仏教では「愛」を必ずしもよいこととは見ていない。また、概して優位にあるものが弱少のものをいとおしみ、もてあそぶ意の使い方が多かったので、キリスト教が伝来したとき、キリシタンはキリストの愛を「愛」と訳さず、多く「ご大切」といった》

昔のキリシタンは言語感覚が鋭かった。それが明治以後、プロテスタントが『聖書』を訳すようになって、不用意に〝愛〟というマイナス・イメージの言葉を使った。そのことによって、〝愛〟が一方ではプラス・イメージの言葉になったのだと思います。でも、わたしは、むしろ〝ご大切〟のほうがよかったと考えます。

「隣人を大切にしなさい。そして敵に対しても、隣人に対すると同じ態度で臨みなさい。神は悪人にも善人にも太陽を昇らせ、雨を降らせておられるのですから」

そう訳したほうが、イエスの言いたいことがはっきりしますよね。

▼神に対する愛

また、イエスはこうも語っています。

「わたしがあなたがたを愛したように、互いに愛し合いなさい。これがわたしの掟である。友のために自分の命を捨てること、これ以上に大きな愛はない。わたしの命じることを行うならば、あなたがたはわたしの友である」（「ヨハネによる福音書」15）

ここに、イエスの考える「愛」の何たるかが語られています。
まず最初に、イエスの人間に対する愛があります。これは「神の愛」です。
なぜ、「イエスの愛」が「神の愛」なのか？　彼はこう語ります。

「神は、その独り子《ひと》をお与えになったほどに、世を愛された。独り子を信じる者が一人も滅びないで、永遠の命を得るためである。神が御子《みこ》を世に遣わされたのは、世を裁くためではなく、御子によって世が救われるためである」（「ヨハネによる福音書」3）

イエスは神の子です。神は世を救うために、イエスをこの世に遣わされた。それ故、イエスの出現そのものが、神の人間に対する愛の証拠なのです。そしてイエスは、自分の命を十字架の上に投げ出して、われわれに対する神の愛を示されました。キリスト教ではそのように解釈しています。

この人間に対する神の愛の上に、その愛に応えるといったかたちで、人間のほうからの神に対する愛があります。

けれども神は、わたしたちの目には見えない存在です。したがって神を愛するということは、神の被造物である人間を愛することになります。そこのところを、「ヨハネの手紙一」（4）は、次のように言っています。

《神がこのようにわたしたちを愛されたのですから、わたしたちも互いに愛し合うべきです。いまだかつて神を見た者はいません。わたしたちが互いに愛し合うならば、神はわたしたちの内にとどまってくださり、神の愛がわたしたちの内で全うされているのです。

……（中略）……

わたしたちが愛するのは、神がまずわたしたちを愛してくださったからです。「神を愛している」と言いながら兄弟を憎む者がいれば、それは偽り者です。目に見える兄弟を愛さない者は、目に見えない神を愛することができません。神を愛する人は、兄弟をも愛すべきです。これが、神から受けた掟です。》

人間の神に対する愛は、神の被造物に対する愛になります。つまり隣人愛・兄弟愛になります。そして、とりわけ弱者、貧乏人や病人、身障者への愛が強調されます。神は、「この人たちに対する愛こそ、わたしに対する愛なんだよ」

と言っておられる。そうイエスは解釈しました。

ですから、「愛敵」の思想も、その延長線上にあると思います。神は全人類を愛しておられるのです。ユダヤ教徒は、自分たちは「選ばれた民族」であって、ユダヤ人だけが神に愛されていると思っていますが、そうではありません。あらゆる民族に太陽を昇らせ、雨を降らせておられます。だから敵なんてないのです。隣人・兄弟・弱者・貧しき者・病人・身障者・敵に対する愛が、神に対する愛なんだ。そうイエスは考えたのだと思います。

10

明日を思い悩むな！

▼「イン・シャー・アッラー」

イスラム教の『コーラン』(18)には、

《何事によらず、「わしは明日これこれのことをする」と言いっ放しにしてはならない。必ず「もしアッラーの御心ならば」と（つけ加える）ように》（井筒俊彦訳）

とあります。この「もしアッラーの御心ならば」というのが、あの有名な、

――イン・シャー・アッラー――

です。『コーラン』がそう命じているから、われわれはイスラム教徒の口から、何度もこの「イン・シャー・アッラー」（われわれには、これが「インシャラー」に聞こえま

す）を聞かされるはめになります。たとえば飛行機の中で、

「イン・シャー・アッラー。この便はまもなく成田空港に到着します」

といった具合に。そうアナウンスされると、わたしなどは、

「おいおい、それじゃあ、アッラーの御心がなければ、この飛行機は墜落するのかい⁉」

と言いたくなりますが、それはその通りなんですよね。何事も神の御心がなければそうなりません。そこのところが、物事が人間の努力だけで進行すると思っている日本人と、根本的に違うところです。


日本人は、どうも人間の努力だけですべてが決まるかのように思っています。だから遅刻をすれば、その人の努力が足りなかったのであり、その人が悪いのです。東京の本社で会議に出席することになっていた社員が出席できなかった。「新幹線が停まってしまったので……」と弁解すれば、

「きみね、大事な会議だと分かっているだろう。それなら、新幹線が動かなくなることを見越して、前の晩から来ていればいいじゃないか」

と叱られます。日本では、そこまでの努力が要求されます。


しかし、イスラム教徒であれば、そんな場合でも「イン・シャー・アッラー」ですみます。

もっとも、約束を破って遅刻しても平然としているイスラム教徒の態度を見ると、われわれ日本人はカチンときます。わたしも、昔は、はじめから努力を放棄している彼らの態度を苦々しく思っていました。ところが、パキスタンのイスラム教徒から招待されて、わたしが、「明日の十時にきみの家に行くよ」と電話したとき、彼のほうから、

「はい、来てください。お待ちしています。イン・シャー・アッラー」

と言われました。それで「イン・シャー・アッラー」が自分の努力放棄に対する言い訳ではなしに、相手に対しても過度な努力を要求しないやさしさであることが分かり、それ以後、この言葉が好きになりました。そうは言ってもわたしは日本人だから、つい相手に対して苛酷《かこく》なまでの努力を要求してしまいます。そして自分に対しては、

〈止むを得なかったのだ。仕方がないではないか〉

で済ませてしまうのです。それが日本人の悪いところだと思います。

▼「おまかせします」

この「イン・シャー・アッラー」は、だとすれば、

——未来に対する人間の権利放棄——

だと思います。未来は神の権限下にあり、われわれ人間にはどうすることもできないの

です。

「テヘランの寓話」と呼ばれる話があります。テヘランはイラン・イスラム共和国の首都です。

大商人が召使いを連れて、田舎を旅していました。その召使いの一人が、突然、がたがたと震えだします。理由を訊くと、彼は死神と出会って、「今夜、おまえは死ぬ」と告げられたそうです。

それで大商人はその召使いに駿馬を与えて、テヘランに逃がしてやります。召使いは急いでテヘランに戻りました。

そのあとで大商人が死神に会い、死神に文句を言いました。

「おまえは酷《ひど》い奴だ。俺の召使いを脅したそうじゃないか」

「いや、脅されたのはこちらのほうですよ。なにせあの男とは、今夜、テヘランで会うことになっていたのです。それなのに今頃、まだこのあたりをうろうろしているのですから」

ということは、その召使いは、死ぬためにあわててテヘランに行ったことになります。

わたしたちの未来を決められるのは神です。未来は、人間にはどうすることもできません。だから、人間は未来をすべて神におまかせする以外にありません。その「おまかせします」の言葉が「イン・シャー・アッラー」です。

だからといって、これは努力放棄ではありません。努力でもって未来がよくなる部分は、しっかりと努力するのです。たとえば、あなたは努力すればたばこをやめられます。それを「たばこはどうしてもやめられない」と言って、やめる努力をしないのはまちがっています。努力によって解決できるところは、努力すべきです。しかし、努力によって解決できないところは、神におまかせする。それが「イン・シャー・アッラー」です。

だとすると、この「イン・シャー・アッラー」は、仏教の「南無阿弥陀仏」です。わたしたちが努力すべきところはしっかりと努力します。しかし、努力によっては解決できないところは、阿弥陀仏におまかせするのです。その「阿弥陀仏よ、おまかせします」の言葉が「南無阿弥陀仏」です。

だから、「南無阿弥陀仏」は、

――イン・シャー・アミダー――

です。わたしはそんな語呂合わせを楽しんでいます。

▼「明日のことを思ひ煩ふな」

で、イエスです。少し長いのですが、「マタイによる福音書」(6)で、イエスは次のように言っています。

「だから、言っておく。自分の命のことで何を食べようか何を飲もうかと、また自分の体のことで何を着ようかと思い悩むな。命は食べ物よりも大切であり、体は衣服よりも大切ではないか。空の鳥をよく見なさい。種も蒔かず、刈り入れもせず、倉に納めもしない。だが、あなたがたの天の父は鳥を養ってくださる。あなたがたは、鳥よりも価値あるものではないか。あなたがたのうちだれが、思い悩んだからといって、寿命をわずかでも延ばすことができようか。なぜ、衣服のことで思い悩むのか。野の花がどのように育つのか、注意して見なさい。働きもせず、紡ぎもしない。しかし、言っておく。栄華を極めたソロモンでさえ、この花の一つほどにも着飾ってはいなかった。今日は生えていて、明日は炉に投げ込まれる野の草でさえ、神はこのように装ってくださる。まして、あなたがたにはなおさらのことではないか、信仰の薄い者たちよ。だから、『何を食べようか』『何を飲もうか』『何を着ようか』と言って、思い悩むな。それはみな、異邦人が切に求めているものだ。あなたがたの天の父は、これらのものがみなあなたがたに必要なことをご存じである。何よりもまず、神の国と神の義を求めなさい。そうすれば、これらのものはみな加えて与えられる。だから、明日のことまで思い悩むな。明日のことは明日自らが思い悩む。その日の苦労は、その日だけで十分である」

ここのところは、昔、文語訳聖書で暗記するまで読んだ部分です。文語訳は、最後のところが次のようになっています。

「この故に明日のことを思ひ煩ふな、明日は明日みづから思ひ煩はん。一日の苦労は一日にて足れり」

▼過去を捨てる

この《明日のことを思ひ煩ふな》といったイエスの言葉は、いささか誤解を招きやすい言葉です。やるべき仕事がいっぱい残っている。しかし、今日のうちにはできない。〈ええい、ままよ、明日は明日の風が吹く。ひょっとしたら、明日、大地震がくるかもしれない。なるようになれ〉と考えて、あなたが酒を飲みに行く。果たしてそれが明日のことを思い煩っていないことでしょうか。

たしかに、あなたは今日のうちにやるべき仕事の全部をやることはできません。でも、一つか二つはやることができます。その努力を放棄して、〈ええい、ままよ〉というのは、イエスが言った《明日のことを思い煩ふな》ではありません。それは不貞腐《ふてくさ》れです。

スペイン語に〝ケ・セラ・セラ〟があります。「なるようになるさ」といった意味です。これも、場合によっては不貞腐れになる危険があります。現在なすべき努力を放棄して「ケ・セラ・セラ」と言っては、イエスに叱られるでしょう。

しかし、アメリカの女流小説家のマーガレット・ミッチェル（一九〇〇―四九）の『風と共に去りぬ』の最後は、主人公のスカーレット・オハラの、〝After all, tommorow is another day〟の名句で結ばれていました。これをどう訳せばいいのか、しばらく考え込みましたが、

「でもね、明日は明日なんでしょう」

と訳すよりほかないと思いました。スカーレットはここしばらくは落ち目でした。ついていなかった。しかし、明日は今日とは違った別の日なんだ。だから心機一転、明日になればやり直せばいい。彼女はそう考えました。これは、イエスの、《明日のことを思ひ煩ふな》に通じると思います。彼女は、明日のことを考えているのではありません。そうではなくて、

——過去を捨てている——

のです。この捨てるということが、大事なことだと思います。
▼反省するな！　希望を持つな！
しばしば引用するので〈またか……〉と思われそうですが、釈迦は次のように言っています。

《過去を追うな。

未来を願うな。

過去はすでに捨てられた。

未来はまだやって来ない。

だから現在のことがらを、
現在においてよく観察し、
揺らぐことなく動ずることなく、
よく見きわめて実践すべし。

ただ今日なすべきことを熱心になせ。

誰か明日の死のあることを知らん》（『マッジマ・ニカーヤ』一三一）

世間の人は、過去に犯した失敗、過ちを反省しろと言います。だが、いくら反省しても過去を変えることはできません。また、反省すればするほど、自分自身に対する嫌悪感が増大します。その自己嫌悪から逃れるために、わたしたちは他人に責任転嫁をします。〈そうだ、わたしはちっとも悪くないのだ！　悪いのはあいつだ〉となるのです。それ故、釈迦は、

——反省するな！——

と言うのです。《過去を追うな》というのは、そういう意味です。

また、世間の人は、われわれに希望を持つようにと忠告します。しかし、釈迦は、

——希望を持つな！——

と教えます。希望とは、つまるところ欲望です。年収八百万円の人が、〈一千万円になればいいな……〉と欲を持ったとたん、その人の年収は「マイナス二百万円」になります。八百万円でも幸せに生きられるのに、マイナス二百万円だと惨めな生活を送るはめになります。病気になって、〈早く病気が治ってほしい〉と希望を持ったとき、病気の現実がますます惨めに感じられます。

だから釈迦は、《未来を願うな》とわれわれに教えてくれているのです。

わたしたちは、現在をしっかりと生きるべきです。現在だけが現実に存在している時間です。過去も未来も、存在しない時間です。釈迦はわれわれに、

――現在を大事に生きよ！――

と教えてくれています。過去にこだわり、未来に執着しているわれわれの生き方を不可としているのです。

そしてイエスが、《明日のことを思ひ煩ふな》と言うのも、それと同じだと思います。

▼イエスの福音

わたしたちは、まず過去を捨てねばなりません。

ユダヤ教徒は、過去に執着して生きています。自分は過去に努力をしたから、金持ちになれたのだと思い、そして貧しい人を軽蔑します。彼は、たまたまそのように努力できる環境に置いてもらったから、努力ができたのだとは考えません。神がそのような環境を与えてくださったのだと、神に対する感謝の気持ちを持ちません。ひたすら自分が過去にした努力だけを誇負します。それが平均的なユダヤ教徒の態度であり、そういうユダヤ教徒をイエスは叱っているのです。

だから、イエスは「過去を捨てよ！」と言います。八四ページで紹介しましたが、たくさんの財産を持つ青年に、

《行って持っている物を売り払い、貧しい人々に施しなさい》

と命じています。財産というものは、人間が過去の努力によって獲得したもの、与えられたものであり、その「過去」を捨てることによって人間は神の国に入れるのです。財産ばかりではありません。地位も名誉も、権力も、すべて過去に属するものは捨てねばならないのです。

いま、わたしたちは過去に執着していますが、やがてやって来る神の国＝神の支配においては、過去に獲得したものはすべて無効になります。無効になるというより、二三ページで引用したように、

《先にいる多くの者が後になり、後にいる多くの者が先になる》

のです。まさに逆転現象が起きるわけです。そのとき、いま「過去」を恃んでいる人間――金持ち・優等生・権力者・成功者・等々――が泣きの涙を流すようになります。そういう人たちに対して、イエスは、

「ざまあみろ」

と言っているように思うのですが、それはわたしの勝手な印象です。

それはともかく、「過去」を恃むことができず、いま涙を流している人々に対して、イエスが祝福を与えていることはまちがいありません。そのイエスの祝福の言葉が、

――福音――

です。「マタイによる福音書」「マルコによる福音書」「ルカによる福音書」「ヨハネによる福音書」とは、イエスの福音を書き記した書物です。

▼「この世は橋である」

そしてわたしたちは「未来」を捨てねばなりません。《明日のことまで思い悩むな》というのは、「ケ・セラ・セラ」(明日は明日の風が吹く)といった、やや投げ遣りとも思える態度を勧めているのではありません。そうではなくて、未来は神の権限下にあります。未来は神が決められるものです。したがって、神のものは神にまかせて、人間は人間にできることだけをすればいいのです。つまり未来に対する人間の権利放棄です。

イエスには次の言葉があります。

イエスが言った、「過ぎ去り行く者となりなさい」

これは「トマスによる福音書」にあるものです(荒井献『トマスによる福音書』講談社学術文庫)。この「トマスによる福音書」は、三世紀以降は正統派と称する教会から異端視され、伏せられていたもので、特殊な扱いになっています。しかし、正統派といっても、自分たちが勝手に「正統」を主張しているだけで、イエスが本当にそう言ったのかどうか分かりません。すでに指摘したように、四つの福音書の主張が少しずつ違います。だから「トマスによる福音書」の伝えるイエスの言葉がまちがっているわけではありません。その点を勘違いしないでください。

トマスといえば、復活のイエスが信じられなくて、イエスの傷にじかに触って、ようやく信じたという弟子です。また、伝承によると、彼はインドに行って伝道したとされています。荒井献氏によると、今は廃墟となっている北インドの町のファティープル・シークリーに残っている城門のアーチに、左のような刻文があるそうです（ひろさちや・荒井献共著『ひろさちやが聞く新約聖書』すずき出版）。

イエス——汝に祝福あれ——が言った、
この世は橋である。
渡ってゆきなさい。
しかし、そこに、
棲家を建ててはならない。

これは、「トマスによる福音書」と同じことを言っています。

わたしはこのイエスの言葉が大好きです。ここにイエスの語りたいことが全部あるように思います。

わたしたちは神の国にいたる橋の上にいます。

しかし、そこは橋なんです。渡って行くだけです。過去に執着してはいけません。過去は捨てるのです。もちろん、橋に執着してもいけません。橋に執着して、橋の上に立派な家を建てようとしてもいけません。橋も捨てねばなりません。

わたしたちは、ただ淡々と橋を渡るだけです。過ぎ去る者となるのです。

それが、イエスの教えてくれたこの世の生き方です。わたしはそのように思うのです。

［著者略歴］
ひろ さちや
1936年、大阪市に生まれる。東京大学文学部印度哲学科卒業。同大学院人文科学研究科印度哲学専攻博士課程中退。
気象大学校教授を経て、現在、仏教・インド思想の研究、執筆等に幅広く活躍。仏教を、一般の人々に平易な言葉で伝えている。主な著書に『仏教の歴史』（全10巻）『仏教　はじめの一歩』『人間の生き方を道元に学ぶ』『因果にこだわるな』『釈迦』『仏陀』『面白いほどよくわかる世界の宗教／宗教の世界』『親鸞』『法然』『道元』『仏教の釈迦・キリスト教のイエス』『大乗仏教の真実』『生活のなかの神道』（以上、春秋社）、『自分らしく生きるための禅』（中経出版）、『日本仏教史』（河出書房新社）、『〈法華経〉の世界』（佼成出版社）、『「孤独」のすすめ』（SBクリエイティブ）、『気にしない、気にしない』（PHP研究所）など600冊を超える。

ひろさちやのいきいき人生5
イエスにまなぶ
二〇一九年一月二〇日　第一刷発行
著　者　ひろ　さちや
発行者　澤畑吉和
発行所　株式会社春秋社
東京都千代田区外神田二－一八－六（〒一〇一－〇〇二一）
電話　〇三－三二五五－九六一一（営業）
〇三－三二五五－九六一四（編集）
振替　〇〇一八〇－六－二四八六一
http://www.shunjusha.co.jp/
装　幀　伊藤滋章
印刷所　信毎書籍印刷株式会社
製本所　根本製本株式会社
定価はカバー等に表示してあります

ISBN978-4-393-13415-3